JN326299

阿部圭佑

# 話道

## 仏教法話の実践

国書刊行会

# 話道——仏教法話の実践

目次

付・実例収録——起承転結の実際

# はじめに

二十一世紀の現代はさまざまな情報伝達手段が発達し、インターネットで何でも調べられてしまう便利な時代になりました。携帯電話やｉＰｈｏｎｅといった手に収まる道具さえあれば、たちどころにお天気のこと、見知らぬ土地の地図など、さまざまな情報を得ることができます。電車の中で片手の親指を使って携帯を操作しているサラリーマンや若者たちは、きっといろんな情報をお年寄りよりも豊富に得ているのでしょう。しかし私は果たしてそれで真に賢くなっているかどうか疑問に思います。

確かにインターネットを手早く操作すれば瞬時に世界中のいろんな情報が手に入ります。しかしそうした情報は、この現代をうまく生きる方法、いわゆるクレバーに生きていくための情報に過ぎないのではないでしょうか。こうすればうまく目的地に行けるとか、こうすれば合理的に処理できるとか、人生の効率化の道具となってはいないでしょうか。しかしそうやって人生の効率化をはかっていても、人としてもっとも大切な問題、すなわち人として生きていることの意味がかえって見失われているような気がしてなりません。

こうした中、ここに一冊の本を出版したいと思ったのは、今日法話という布教の場においても、話のネタ本のような便利な本が次々と刊行され、その中からいいお話をつまみ食いしてお話しするというケースも見受けられ、そのような状況に疑問を覚えたからです。単に話のネタを並べて体裁を整えることでよいのでしょうか。それこそインターネットで調べがつくような浅い内容になってしまい、真に道を伝えるという第一義が見失われてしまうのではないかと危惧せざるをえないのです。

法話、説教というのは人から人へ伝えるということ、肉声をもって真実を伝えるということです。その布教師の全人格から発するものであるからこそ、力強い発信ができるのです。話のネタがあったとしても、その布教師の心身を通してはじめて生きてくるのではないでしょうか。この本は単なる法話のサンプルを集めた本ではありません。まず法話・説教する立場にある人の大切な心構えから、表現手段・技術の問題、さらに内容に関する工夫を長年の経験から組み立てたものです。

布教は私の属する曹洞宗門ばかりではなく、宗教的実践の上で最も大切な実践行です。宗侶であれば寺院で生活し、宗門大学や専門僧堂で宗乗を学んだ者も多いのですが、仏教を人にわかりやすく伝えるということは、意外と難しいものです。日常生活において具体的な不安や苦しみを抱く人々に、ただ専門的仏教用語で仏教の教えを説明しても心に届きません。お話をわかりやすくしても、やはりそこに深さもなければなりませんし、豊かな表現力も必要です。

ところで、浄土真宗には布教に関する名著がたくさんあります。近年『現代文　説教の秘訣』（大須賀順意著、府越義博編訳、国書刊行会）が刊行され、さらに増補版が今年出版されています。本書は説教に関する様々な心構えや方法について懇切丁寧に説き示された本ですが、この原本を書いた大須賀順意は嘉永六年に生まれ、明治時代に活躍した人であり、明治四十五年にこの本を出版しています。ちょうど百年前の本ですが、それが二十一世紀になっても見直されています。

私の属する曹洞宗は全国に一万五千もの寺院が現在もあり、日本仏教の宗派の中でも真宗とならぶ代表的な教団となっています。しかし布教・伝道ということをしっかりしていかないと、二十一世紀宗門の寺々は、大きな時代変化の前で、将来的には大変なことになりましょう。いつまでも法話のネタ本の中からつまみ食いしているだけでは、法を説く本当の「法話」とはならないのです。

本書は法話をするにあたって、布教師として本来的あるべき姿勢と具体的な工夫を示しています。是非その趣旨をくみ取っていただいて、宗派を問わず日頃の法話・布教という実践に活かしていただければ幸いです。

阿部　圭佑　識す

# 第一部　法話の実践手法

# 第一章　法話を説く人のための心得

## 一、「講演」と「法話」

いわゆる講演というのは何かというと、その方面の専門家・知識人などをお呼びして聴衆にその深い知識や教養の一端を話していただき、人々の知性に訴えて納得させるものといえましょう。これに対して、私たち仏教者が行っている法話というのは、本来的には人々に仏法の真実を伝え心に感銘を与えるものです。み仏の教えをまず人の知的なところ（理）に訴えて納得させ、さらに心に深い感動を与えていく、これが法話の目標とすべきところです。単に知識や教養というところにとどまるならば、それは真の法話とはいえないでしょう。

ところで現実的な問題として、人の話を真剣になって集中して聞くことができる時間は、およそ三分から五分程度しかありません。人間の集中できる時間は限られています。たとえば一回の坐禅にしても身体としては坐りきることはできても心の状態を散乱せずに無心に坐り続けることはなかなかできません。

こうした事実があっても、ともかくも聴衆の気持ちを惹きつけ、お話をしなければなりません。そのためにしなければならないことは、まず私たちの法話を語る布教師が自身のあり方を見つめ、日々研鑽することが必要です。そして人々に真剣に受け止めていただくためのさまざまな準備やお話しする上での表現力等を磨き上げることが必要となります。

今日、活字文化さえもだんだん後退しているようであり、ただ普通にお話しして理解していただくというのは難しくなっています。学校でもパソコンを使って映像資料を見せたりするなど、さまざまな工夫をしています。しかし法話は学校の授業とは異なります。

多くの場合寺院における説法という形になりますが、映像や画像を見せることができる機材が備えられている本堂はまれです。したがってやはり法話をなす布教師自身が聴き手の視聴覚、あらゆる五感に訴えて話をして努力工夫し、話す力を高めていかなければなりません。

ここでは法話を説く布教師の心得として、①人格、②宗乗、③信念という三つの点から説明したいと思います。

なお本書は法話を語る人のために書かれていますが、法話を語る人を「布教師」という言葉で統一しております。それは法話・説教を中心に教化活動をする僧に対して、曹洞宗をはじめ日本仏教の多くの宗派において、これを「布教師」と呼んでいるからです。布教は法話ばかりでなくさまざまな教化活動を伴いますが、本書で用いる布教師は説教師もしくは法話者の意味です。

## 二、人格をもって接する

布教師はその人格をもって人に接します。いわゆる知識・教養あるいは技術といったものを伝えるのであれば、伝える側の人格や人間性はそんなに問題にはなりませんが、布教師の場合は、その人となりが問われます。

たとえば自分がなにか不始末を起こしたとき、人格者でだれからも信頼の厚いAさんが口数は少なくとも、じっと目を見据えて「お前さん、それはしてはいかんぞ」といって笑顔でアドバイスする場合、その言葉は言葉以上に迫力があります。道元禅師の愛語の説明でまさに「肝に銘じ魂に銘ず」というところがあります。これに対して普段から些細なことで腹を立てているBさんが「そんなことをするんじゃないよ」とイライラした態度で貧乏揺すりをしながら長々お説教する場合、かえってBさんに対する反発や憎しみが生まれるだけでありましょう。Bさんの言葉の力を、Bさん自身の人格そのものが打ち消してしまっているといえるのです。つまりAさんの言葉の力は人格がもたらしたものであり、その人の人格が貧弱で人間力が足りなければ、その人の言葉は説得力を持ち得ないのです。

そこで、法話についてお話しするにあたって、「人格」という視点でもう少し具体的に見てみましょう。

そこには①心施、②慈悲心、③情熱、④実行という四つの重要な点があります。

## 心施

まず第一の「心施」ですが、これは法話をするに当たって、相手のことを大切に思う真心をもってお話しするということです。

この「心施」で大切なことは三つあります。

第一は法話をする場合、〈聴き手の身になってお話をする〉ということが大切です。私の知り合いの老僧でしたが、その方は日頃、人が亡くなると、「生まれたら死ぬのは当たり前だ。泣くでないよ」とおっしゃっていました。ところが、そのご本人が病気になった時、私を呼ぶのです。そこで「何ですか」とたずねますと、「大通寺さん、私はこのまま死ぬんですかね」とおっしゃったので、「当たり前ですよ」とよほど申し上げようと思いましたが、「そんなことありませんよ。だからみんなでお見舞いに来ているのですから」と申しました。「あっ、そうか」とおっしゃっていましたが、いざとなると、誰しもそのようなものです。

また臨済宗の博多聖福寺の仙厓和尚は、「私は模範的な死に方をするから、みんな集まれ」といって弟子を集めると、「死にとーない、死にとーない」といって亡くなっています。そういう事例もあります。

ですからまず相手の身になるということですが、これは要するに自分が話しているお話が聴き手にとって本当に意味ある話になっているかどうかを顧みる自省が必要となってくるのです。第二には〈聴き手の心を捉える〉ということが大切です。例えば、嫁姑の問題があります。よく嫁姑がうまくいっているというのですが、やはりお嫁さんが入れば、お互いに良いところもあれば悪いところもあって、それぞれ心のすれ違いや仲違いはあるものです。嫁姑の問題は、古今東西同じ課題です。そういうところを、こちらの方でわかっていて話をしてあげなければなりません。

神奈川のある市の事例ですが、そこでは二十数か所婦人学級があって、私は長らくお話に行っておりました。その中の幹部だけ約五十～六十人が集まってお話ししたときのことです。そのときNさんという担当の市の職員が、冒頭に次のような挨拶をなさいました。

私はこの町の青少年教育課長です。土曜日曜もほとんど家にいたことありませんし、家には毎日九時前に帰ったことはほとんどありません。たまたま仕事が五時に終わったときのことです。家へ帰って風呂へ入って、「あーいいもんだ」と思っていたら、母親が足袋を履いたまま湯殿に入ってきました。足が濡れてしまうからのんきに風呂につかっていられません。すると母親は、おまえの留守中におまえの嫁が、私のことをこれこれこういう風に言ったと言って泣くのです。だから「お母さんわかったよ、わかったよ」と言って、もう入っているわけにいかないから、自分も風呂から上がってしまいます。そこでテレビでも見るかと思って横になると、今度は女房がそばへ来て、「さっきお母さんが何か言ったでしょ。真相はこうなのよ」といって、またそこで女房が泣き出します。一方はかけがえのないおふくろですし、一方は二世を契った女房です。あの二人が始まると、私はいるところがありません。そこで思ったのは、明日から仮に役所が五時に終わっても、九時頃まで仕事を見つけて、うちへ帰るのを遅くしようということです。だから今日はそのために阿部先生が来られたんだから、私の家はうまくいっているなんて話はしないでください。

このような挨拶をされたのです。私はそれまで千何百回と講演に行きましたが、あんな挨拶をされたのは初めてでした。「この男、どえらい人物だな」と思いました。そうしたら案の定、五十歳になる前に市長になりました。

よく大学の先生が、「ここにいらっしゃる方にはそういうことがないでしょうが」といって話を進めていくことがありますが、そういうお世辞のような言い方はあまりよくありません。というのも会場の聴衆のことではないと予め断って話す場合、たいてい第三者の悪口・批判が語られます。第三者の欠点や悪いところを話すことは他山の石としての戒めにはなりますが、話の中心が悪口に終始するのであればそれは法話とはなりません。

三つ目には〈聞き手の心の飢えを満たしてやる〉ということです。僧侶のお話の中で、単に仏教の教えとか祖師の言葉を紹介するだけであったり、自分の問題意識から語りたいことだけを述べて終わったりする方も見受けられます。「道元禅師様がこうおっしゃった」、「瑩山禅師様はこうおっしゃっている」といって、自分の言いたいことだけ言って終わってしまうのです。

そうではなくて、いただいたテーマや演題を通して、聴いている側の切実な問題を意識し、できるだけ具体的にどう対処していったらよいのかを示していくことが必要です。聴衆に黙って耳を傾けきちんと理解してもらい、それぞれの心を満たしてあげなければならないのです。

以上の三点が「心施」ということで大切な要点です。

## 慈悲心

「心施」とともに、布教師として人格を高めていくのに必要なのが、第二の「慈悲心」です。慈悲の心をもって聴く人々の心に向き合い話してほしいのです。

わが大通寺にある衝立を製作された高橋昕影という方がおられます。その高橋先生がある時こう言いました。

　和尚さん、お坊さんは、お経の上手なお坊さん、お話の上手なお坊さん、字の上手なお坊さん、いろいろおいでになるけれども、そういうことは別として、困った人があったら飛んで行って、親切にいろいろと力を与えてあげる。それが坊さんですよね。

そういうことをおっしゃいました。まさしくその通りです。

それから、横須賀に第二助役で木村敬という人がいました。この方にこういうことを言われました。

阿部老師、永平寺様や總持寺様から帰って来たお坊さまは、そばに近寄りがたい雰囲気を持っていますす。その雰囲気を半年以上持っている方は、それが消えた途端に、福祉のことやら、青少年のことやら、夢中になっておやりになります。せっかくそういう雰囲気を持ってきたのに、一か月経って消えてしまう人は前より悪い坊さんになりますね。

最初の「そばに近寄りがたい雰囲気を持っている」といったことは雲衲たちもみんな気がつかないでしょう。恐ろしいことを言う人でした。そういうこともわれわれは気をつけていなければなりません。

この慈悲心をあえてここで強調するのは、聴く人が「生徒」で自分が「教師」として、上から下に教授するという姿勢ではだめだからです。

慈悲の「慈」は、他者に対してのいつくしみです。この場合上位の者が下位の者をみつめるのではありません。友として同じ目線で相手のことを思いやる心です。そしてそれは偏った思いやりではありません。慈悲の「悲」というのは人の悩みや苦しみに同じように寄り添う心です。

この慈悲心というところが抜け落ちてしまうと、布教師としての大切な基盤が失われることにもなるのです。

## 情熱

さらに人格を高めていくのに必要なのが三つ目の情熱です。道心堅固にして法を求め、人のため伝道しようとする熱い思いです。曹洞宗では古来多くの「情熱の人」を出してきました。近代において情熱の人として私が紹介したいのが、鶴見女学校で多くの子女を育成なさった中根環堂先生です。

新井石禅禅師（總持寺独住第五世）は、晩年ご病気になり、かなり病状がひどくなったので、鎌倉の跳龍荘という別荘で療養なさっておられました。これを聞いた鶴見女学校では中根環堂先生をはじめ、みんなでお見舞いに行きましょうということになりました。中根環堂先生は、駒澤大学の学長をしておられましたが、女子教育の大切さを感じて女学校を作られた方です。その中根環堂先生の教育理念は今の鶴見大学の原点となっています。

さて、お見舞いに当たり女学生たちはみんなで心をこめて、観音経を書きました。当番になった人は、前の日から体を清めてきて、一字三礼です。つまり一字書いては三拝して、観音経を写経したのです。それをどうやってお持ちしようかという話になると、鶴見から電車へ乗って鎌倉へ行ったのでは真心が通じないということで、歩いて行きましょうということになりました。鶴見から鎌倉は四里半、十七キロです。それをみんな歩いて行ったのです。

ところが戸塚の近所でもって、雨が降り出してきたのです。そして本降りから土砂降りとなり、いわゆる豪雨になってしまいました。みんな傘などは持っていませんからびしょ濡れです。あの頃の女学生は袴でした。ともかく歩いて跳龍荘に行って、中根先生が中に入って、事情をお話しして新井禅師へそれをお渡ししたら、禅師は出てきて、縁側につかまって、下にいる生徒たちに向かって、生徒たちがお見舞いにあげた観音経をかざして、お礼なさったのです。しかし肺ガンで声もあまり出られないから、合掌する程度だったといいます。それを見て、生徒たちはみんな泣いたそうです。

ところで女学生はぐしょ濡れになってしまいました。あの当時は、風邪をこじらせてしまうと、ペニシリンがないので、肺炎で命を落とす人も多かったのです。私の友人にもそんな人がおりました。風邪をこじらせて肺炎になると、大体一か月ぐらい学校へ来ません。そうするとみんなについていけないので転校する人も随分いました。そうなったら大変だというので、今でも広いのですが、鎌倉駅の改札を出たところでみんな電車が来るまで駆け足をして回っていたのです。電車が来て乗って、それぞれが横浜やそれぞれの駅で降り、帰宅していきました。

そのとき中根環堂先生は「これは大変なことになるかもしれん。明日みんなの中で風邪を引いて休む子がいて、それをこじらせて肺炎にでもなって死んでしまうことがあったら、これは私の責任だ」そう思ったそうです。

そこで翌朝、環堂先生はさらしを巻いて校門に立ちます。一本気な方でしたから腹を切る覚悟でした。そうすると向こうから、女学生たちが次々と「先生おはようございます」と挨拶して登校してきました。「おはよう」と返しながらうれしかったそうです。そうしたらみんなが次々と、「おはようございます！」、「おはようございます！」と登校してきて、なんとその日に限って、一人も欠席がなかったのです。

それで全員で講堂の板の間に正座をして、毎朝お唱えしている観音経を全員で読誦していたら、環堂先生、涙が出て涙が出て、お経があげられなくなってしまいました。そして生徒たちには観音経がいかに尊いものか、功徳があるものかと教えてきたけれども、こんなに功徳があるものだとは知らなかったと思われたそうです。いざというときは腹を切るつもりでいたのが、もう涙でぐっしょりになった、と環堂先生はおっしゃっていました。このように教育者として情熱を込めて生徒に向き合われた方でありました。

この他にも、情熱ということで紹介すべき先徳はたくさんおられます。私が修行時代のことですが、修行僧の皆は渡辺玄宗禅師や細川石屋老師を慕っておりました。あの方々は情熱、道心があったからです。細川老師は總持寺におられた時には修行僧が四時振鈴のときには三時に起きて、三宝殿をお参りして修行僧たちの健康と修行の円成を祈ってくださいました。大雄山でも細川老師は後堂の職にあって、毎朝御神殿まで行って、雲衲の健康を祈っておられます。大雪の中でもやめられませんでした。だからわれわれみんな涙をこぼして仕えたのです。宮崎奕保禅師は永平寺の禅師になる前に、秦慧玉禅師に呼ばれて監院になられたとき、同じことをなされました。やはり情熱はとても大切です。

その他宗門にはたくさんの方々がおられます。埼玉県の阿部耕雲老師は自分で托鉢して本堂を建てました。大道晃仙禅師のお師匠様である大道英仙老師のときに行者をされていた大槻哲也老師は、瑩山禅師最初の住職地である阿波の城満寺を復興しようと発願して、地下足袋で日本全国を歩いてお金を集めて、立派な本堂を建立されています。

幾人かの実例を挙げましたが、ここに挙げた方々の情熱は布教師にとっても同じであります。道を伝える情熱こそが布教のエネルギーに他なりません。

## 実行

布教師として人格を高めていくのに必要なことがらとしての第四は「実行」ということです。これは我々の普段の日常生活において修行にならないものはないという道元禅師・瑩山禅師の教えの通りであります。少し言いづらいことなのですが、布教師は単にお話しするというのではなく、身の回りのことで気をつけなければいけないことがいくつかあります。

まず、トイレです。よそのお寺に呼ばれて行ったら、トイレに気をつけます。「布教師さんが出たあと、トイレが汚れてた」と言われたら、もうそれっきりです。きれいに使うことはあたり前のような話ですが、重要なことです。授戒会など大きな行事の場合には、法要が終わった途端にどっと来て東司《とうす》は混雑します。そこへ先ほどりっぱなお話をしていた布教師が白衣で一緒に入って用を足すならば、折角のお話の余韻も消えてしまいます。ですからできるだけ朝、起き抜けに、トイレへ行くようにした方がよいでしょう。体をそのように慣らさなければいけません。私はいつもそうしていますが、簡単なようでいて、それはそれで大変なことなのです。

最近ではさすがに見なくなりましたが、それでも全国あちこち廻りますと、トイレが水洗でない場合もあります。かつて大洞院に行ったとき、山中を歩いて真っ暗闇の中を到着したのですが、まず知っておかねばならないことはトイレの場所でした。なぜかというと、当時の大洞院は電気も来ておらず電話もないような山寺でした。そこで夜中トイレに行くとなると、みんなを起こしてしまうことになりますし、水洗でないので落ちたら大変です。今はそんなお寺はほとんどないでしょうが、まずそういうところから気をつけなければなりません。

次にお風呂です。「お坊さん、お風呂へお入りください」といわれたとき、顔を洗ってビシャビシャのまま出てくるお坊さんも見受けられます。徳があってもビシャビシャでは困ります。お風呂に入ったあと、「あー、きれいだったな」と言われるようにしていただきたいものです。どうしてもできなかったら、お風呂に入らずに、外でシャワーだけにするくらいでいいのです。

かつて神奈川県知事であった津田文吾さんに依頼されて、十人ほどで一か月ばかり外国に視察に行った時のことでした。同行のメンバーが先にお風呂に入って「はい、空きましたよー」と言うので、次の人が入ると、お風呂の中は石鹸だらけで、ぐしゃぐしゃだったのです。その方は家ではお風呂を掃除したことなどなかったのでしょう。ご本人は人に迷惑をかけているという意識すらないので、自分が先に入って出て来て、「空きましたよー」と平気で言えるのです。後から入る人は困ってしまうのです。

それから食事です。永平寺でも總持寺でも、僧堂での食事はもちろんきちんと作法通りにいただいています。問題は自坊に戻ってからの食事のことです。意外にも作法がだらしないという方が見受けられます。言っていることとやっていることが違うのでは困ります。

それからたばこもいけません。お坊さんのお袈裟にたばこの穴が開いていたり、塔袈裟でくわえたばこをしていたりする姿も見栄えがしません。

御本山での授戒会のときでした。私は随喜されているお坊さんたちの控え室にこのような張り紙をしたことがあります。

「紅塵不到の寺総持（掃除）、何で塵灰舞うのやら」

まだ今のようにたばこのマナーについてうるさくいわれる時代ではありませんでしたが、少なくともこの張り紙がしてある部屋で喫煙する人はいなくなり、それなりの効果があったようです。

私はある時、御本山に講演に来られた仏教学者に質問をしたことがあります。もしお釈迦様がご存命の頃に、たばこがあったならば、お釈迦様はたばこを吸ってはならぬという戒律を定められたでしょうか、と。

するとその先生は、私は今はやめていますが、かつて吸っていました。お釈迦様がご丈夫だったら、不禁煙戒というものがあったであろうと思います――そうおっしゃっていました。

神奈川県のある町の青少年育成大会に呼ばれてお話ししたときのことです。私がいろいろお話しして帰ろうとしたら、「阿部先生、気がついたことがおありですか」とたずねられました。それで周囲を見ると、学校の先生から警察官、それからＰＴＡの人たちもみんないるわけです。青少年育成のための大会ですが、老人会の人たちもおられました。

そこで私はこう言いました。「ここにいらっしゃる方、皆さん立派な方々だと思いますが、ここと、青少年育成の問題に関していえば、たばこを吸う方のおっしゃることを私はあんまり信用しておりません」と。

すると先生や警察官の方達が顔色を変えて、「どうしてですか」と言うので、あたりを見回して、ちょうどそこにおられる方にお尋ねしました。

「あなたのお名前は」

「某（なにがし）と申します」

「今年大学を出て、市へ就職したのですか」

「はい、そうです」

「それで、市へ入ったのは教育委員会ですか」

「はい、そうです」

「あなたはたばこ吸いますか」

「はい、吸います」

「それではこちらへ来て下さい。私が今から聞くこと、皆さんにわかるように大きな声で質問してマイクを通して言って下さい。今、あなたはたばこを吸うと言いましたね」

「はい、言いました」

「未成年のとき覚えたのですか」

「はい、そうです」

「内緒で、勉強の疲れにはいいぐらいと思って吸ったのですか」

「はい、そうです」

「就職したら教育委員会でした。君たちはたばこを吸うなって言えますか」

「言えません」

「道を歩いていて、たばこをポイと捨てたことありますか」

「はい、捨てたことがあります」
「自分で捨てておいて、今日は美化運動だ。掃除しろって言えますか」
「言えません」
「だからだめです、と言ったのです」

およそこんなやりとりでした。そうしたら、たばこのことで顔色を変えていた先生やお巡さんたちは、真っ赤な顔をして下を向いてしまいました。みんな未成年でたばこ吸った経験をお持ちだったからでしょう。

これは私たち僧侶にあっても心しなければならないことでしょう。まして布教師として法話をする立場の者であれば、なおさらです。

それから、本堂でお経が終わったら、そこへ衣を持ってきて、バタバタたたむ方がいます。今、荘厳なるべき道場で法要が終わってまだその余韻がある中で、檀家の人が残っている前で衣を持ってきてたたむのです。これもよくありません。伝統芸能の歌舞伎や能楽をやる方々も衣装をたたむのは、控え室など人目につかないところでやっています。

また若い宗侶の人でも、お坊さんが大勢集まっている席で携帯電話ばかりいじっている人を目にします。自分はだれにも迷惑をかけていないという意識があるのでしょうか、平気でカチカチ指を動かしています。そこでみんなで懇談している席で、ある和尚に注意したことがあります。

「みんなで楽しんでいるのに、なんでカチカチやっているんだ。もしここに禅師様やえらい方がおられたら、携帯をやるか?」と。もちろん「やりません」と答えます。「何?　ということは俺たちを馬鹿にしているのか。そんなこともわからんか!」

こうしたことは実に些細なことかもしれませんが、布教師の場合、ただ法話の中身がよければいいということではありません。「身業説法」という言葉があります。普通は言葉で説法しますが、これは後ろ姿で法を説くということです。不言実行という言葉もあるように、言葉を多く連ねるよりも黙って行動することによって、より強く深く相手に伝えることもできるのです。

## 三、宗乗をきちんと把握する

それから布教師として人に接するための大切な点は、宗乗を自分のものにしておく、ということです。道元禅師の教え、瑩山禅師の教えをきちんととらえていないと、当然ながら自信をもって法話をすることはできません。宗乗といいますと『正法眼蔵』などの宗典の修得が中心でありますが、やはり坐禅が大前提であります。曹洞宗侶であれば、修行時代に暁天坐禅から夜坐に至るまでの打坐の日々を経験していますが、やはり日々の寺院の生活の中でもこの「坐る」ということをしていかなければなりません。修行後のお寺の中で坐禅をどう保持していくかというのは、大変重要な課題でしょう。

また道元禅師の『典座教訓』は、修行僧のために心を込めて食事を作る典座職の尊い弁道を強調されています。炊事から掃除に至る日常のあらゆること、修行でないものはありません。こうした日々の実践こそが布教師にとって目に見えぬ力となっていくのです。

なお現在の曹洞宗の修行では、基本的には臨済宗とは違って公案という課題をいただきません。しかし公案禅といわれるのが臨済宗だけで、曹洞宗に公案はないかというと、そこには少し誤解があると思います。

曹洞宗の歴代の祖師方は古則公案に参じていて、ご存知のように瑩山禅師と峨山禅師においては有名な「両箇の月」の話がよく知られるところです。道元禅師には『真字正法眼蔵』、いわゆる「三百則」という書を残されていますが、これはいわば三百の古則公案を編輯されたものです。また瑩山禅師の提唱録である『伝光録』はインドのお釈迦様から歴代の祖師方の法が代々伝わっていることが書いてありますが、それぞれ師から弟子へ法が伝わる機縁が古則公案として掲げられ、これに瑩山禅師が拈提した古則公案に対して著語が付けられています。

また永平寺でも總持寺でも公案に参じ印可をもらっている方もおられます。總持寺の渡辺玄宗禅師が円覚寺の蹈頂窟宮路宗海老師へ参じたのは有名ですが、永平寺の宮崎奕保禅師も若い頃は京都へ出て大徳寺で修行なさっていました。京都でも鎌倉でも、大体最初に出すのは「趙州無字」の公案です。「狗子に仏性有りや無しや」。つまり犬に仏性があるかないかという問題です。もう一つは白隠禅師の「隻手の音声」です。この片手の音を聞いてこいというものです。ともあれかつて曹洞宗でも志ある人たちは、宗派の枠を越えて参学していたのです。

ところが今は「公案禅に参じなさい」ということはあまりいわれなくなりました。澤木興道老師は曹洞宗の坐禅とは「無所得無所悟」の坐禅であり、公案を用いず黙々と坐禅に徹する只管打坐の禅を強調なさっています。それをきれいに言ったのは、梅田信隆禅師です。梅田禅師は「坐禅をすると迷いが起きるぞ」といいました。これは逆説的な言い方であって、梅田禅師がおっしゃった意図はこういうことです。坐禅をすると迷いが起きる。だからその迷いを丁寧に一つずつ消していけ。そういうことです。ここで大切なのは「丁寧に」というところです。丁寧に一つずつ消していけば、本物の坐禅になる。梅田禅師はそういうふうに言われました。

両大本山の僧堂でも地方僧堂でも、入室独参という機会が設けられているならば、積極的に参ずべきでしょう。公案のような課題を与えられることがなくても、師家との対話・問答の中から得られるものも大きいですし、自己の境涯の確認もでき、自信もつくのです。

それから春秋二期に上堂があります。完戒上堂、対真上堂です。その場合必ず法問をかけるべきです。しかし、この頃の様子を見ていますと、若い雲水さんたちはあまり積極的ではないようです。自分は古参だからといって出て行かない場合もあるようですが、法要解説の方が「ただいまから曹洞宗で、昔から伝わっております大問答が始まります」と紹介した後で、大問答に何人出るのかと思ってみていると、首座と弁事、そして書記で終わりということもありました。何十人もその場に座っていながら、法問を傍観しているのではいけません。

関三刹として有名な総寧寺（千葉県市川市）の晋山式でのことでした。布教師関係の方々も大勢参列していましたが、誰も法問に出ません。何かうまい言葉がないかな、とか、何か言って変なふうに思われても嫌だな、とか、そういう分別心があると法問に出られないものです。しかし折角おめでたい法要に呼ばれているのですから、積極的に出るべきなのです。

この総寧寺の晋山結制で、私は後堂の配役で立帽子をしていましたが、法問をかける人が少ないので、立帽子をはずして法問に出て行きました。そうしたら、ある布教師の和尚が「阿部老師が出ていかれた、大変だー」と怒鳴ったそうで、その後次々と続きました。宮崎での晋山結制でも同じでした。そのときも私が後堂として、立帽子をはずして法問に出ていきました。その新命方丈は後堂老師が上堂で法問をかけてくださるなんていうのは、私の一生の名誉でしたと、とても喜んでおられました。その仲間の和尚達が「おまえはうらやましいなあ」といっていたそうです。ですから、法問のような機会にはできるだけ積極的に出て問答して下さい。とてもよい経験になります。

思い起こせば渡辺玄宗禅師が總持寺を退董なさって能登の祖院に出立なさるときのこと、私はいつも法問をかけていましたので、最後の法問をかけさせていただきました。

大禅師猊下、いずれのところより来る。昨夜、風に乗って来たる。いずれのところに向かってか去る。体露金風のところに向かって去る。生死去来を問わず、こは作麼生。禅師、こは作麼生。去るところなし、来たるところなし。如何なるか是れ、禅師の生死去来。

そのときの禅師のお答えはこうでした。

山僧の生死、ただ是れ独生独死、独去独来。

わしはただ一人生き、死に去り来たるのみという言葉です。いい言葉でした。そのお言葉には、深い意味が込められています。わしはこの總持寺に住職したとき上堂して「尽未来際、この山に住す」と言ったのだが、今ここを去っていく。何故かというと、能登の祖院もこの鶴見の大本山も瑩山禅師の道場として同じであるから、私はあちらへ行くのだと。そして渡辺禅師は最後に、「日面仏月面仏」という古則を提唱なさり、「南北東西、帰去来。夜更けて同じく見る千巌の雪」というお言葉で締めくくられました。この言葉に一同ただ感涙いたしました。

その時来馬琢道老師も随喜しておられました。この方は『禅門宝鑑』という大著をまとめられた博学多才な人で、社会事業でも活躍し、また参議院議員にもなった大人物です。その方が勅使門の裏で泣きながら、私に向かって「えらい禅師だ」といっておられたのを鮮明に覚えています。

さて布教師においても、ただ感動するお話をすればよいというのではありません。いままで述べたように、やはりそこには宗乗の基盤がなければなりません。そこが法話の法話たるところです。布教師としてそのところを自覚していないと、単なる「道徳談義」で終わってしまいます。前述の法問のこともそうですが、日頃から宗乗の勉強が必要なのです。

宗乗の学びというのは、ただ禅の言葉を机の上で勉強をしていればよいのではありません。知識を単に積み重ねていくだけではなく日々の実践に活かしていくことが必要です。布教師においても、こうした宗乗がしっかり自分の基盤として確立されていなければならないのです。

## 四、信念で語る

例えば、「お釈迦様がお生まれになったときに、七歩歩かれて、天と地を指さして、天上天下唯我独尊とおっしゃいました」と話してみても、「あなたはそれを見ていたのですか」と意地悪な問いかけをされたら、どう切り返しますか。そんな質問は実際にはされないかもしれませんが、見てもいないこと、本に書いてあることをただ伝えるだけでは説得力はありません。

ここで私が述べたいのは、仏祖の教えをただ引用して説明するのではなく、宗乗としてこれは間違いがないという信念をもってこそ、初めて法話において断定して言うことができるということなのです。

かつて私は、駒澤大学のある先生に質問したことがあります。それは『室内三物秘弁』という、曹洞宗では大切な書物のことでした。この本には三国伝来ということが強調されていますが、それなら原始仏教の聖典の言語であるパーリ語で書いてあるのが正しいのではないですか、と尋ねたのです。するとその先生は「確かに阿部老師のおっしゃるとおりですが、曹洞宗の宗意安心としてこれで間違いがないということを信念として言うことができます」という意味のことをおっしゃいました。宗乗の仏法が間違いなくお釈迦様の教えにつながっているという確信をもっていなければなりません。自分の言葉でお釈迦様の教えを語っているという、その信念を持つように学んで考えなければなりません。

# 第二章　準備の整え方

## 一、会場について

法話をする上での準備ですが、本章では確認し注意しなければならない点を「会場」と「聴衆」という二つの観点からみていきます。

まず「会場」については、四つの点について確認する必要があります。

### （一）集会の目的を考える

会場について第一番目に確認しておくべきことは、法話の会場がどのような目的の集まりであるのかということです。例えば寺院での施食会（施餓鬼会）の場であるのか、それとも法話そのものを聞く集いであるのか、それは前もって確認する必要がありますし、それによって法話の内容・構成も異なってきます。あらかじめ依頼者からテーマを与えられていても、メインの行事に付随する法話という位置づけであれば、多少なりともその行事と関連性をもたせる必要があります。つまり法話をリンクさせる配慮も必要です。

## （二）会場の地域性を考慮する

二番目には会場となる場所の地域性です。つまり会場がどんな土地柄・風土であるかということを意識することも大切です。たとえば鹿児島にお話にいったときは地元の英雄である西郷さんについて否定的なことはいわないといった具合です。山口県に行って「吉田松陰」と呼び捨てにしたら聴衆に違和感をもたれてしまいます。しかし西郷さんにしても松蔭先生にしても他の県では受け止めが違ったりしますので、そういうところの配慮は必要なのです。

それから各地方には独特の言葉があります。北九州の一部では女性そのものを十八番（おはこ）といいます。ある衆議院議員が歓迎会で「さあ、私も十八番を歌ったから、あんたがたも歌え」と言われて、婦人会の人は困ってしまったという話を聞きました。秋田県では、女性そのもののことを「べべ」というそうです。それを知らないで、「赤いべべ着たかわいい金魚」なんて歌うと誤解されます。それはともかく、できるだけ地元の言葉についても調べておいたほうがよろしいでしょう。

## （三）法話の前後に確認すべきこと

三番目は自分の他にお話しする人がいる場合、誰がどのような内容の話をするのかを予め知っておく、ということです。たとえば授戒会で説戒師をした場合には、布教師が間に入って話をするのですが、その布教師がどんな話をするか確認する必要もあるのです。そのお話を聞いていて、使えるようなことを話す方もあるし、説戒師の話を全部やってしまう方もおられます。それは説戒師として大変困る事態です。説戒をしていて、先ほど他の方が話しておられましたがと言われて、恥をかくときがあります。

それからお施餓鬼の前か後かでも会場の雰囲気は異なります。施餓鬼の後ですと皆さん焼香に出てから、なんとなくざわざわしていますので、法話の頭にそうしたざわついた雰囲気を一変させるような話の枕というか、「つかみ」が必要となってきます。

これは寺院でのお話だけでなく一般行事でも同じ状況があります。たとえば成人式なども会場の空気を読む必要があります。今は成人式もよくなりましたが、成人の日が制定された初めの頃は、成人式といっても内容が整わず、アトラクションを呼んだりしていました。ところがアトラクションが楽しみで、子どもたちがいっぱい来てしまい、肝心の成人は後ろのほうでみんな立っている、そんな状況でお話をする機会もありました。

それから当時の成人式は教育長が司会者である場合が多く、「これより成人式を執り行います」といって下がればいいのですが、話好きの司会が「私が成人の頃は」などと話し出すと、その後みんなその話題が続くのです。市長・市議会議長が話し、有権者となるから選挙管理委員長までも出て来ます。それから中学、高校の学校長などが続いて、出る人、出る人が、「成人になったら三つのことを実行しなさい」とか、「五つのことを心にとどめてほしい」とか言っているうちに、話者が二十人を超えてしまいます。聞いている方はみんなあきれ返ってしまって、灰皿を出してたばこを吸い出す始末で、めちゃくちゃになったことがあります。まして、そんな状況の中でお話するというのは至難のことです。

老人会などでも同じことが言えます。老人会でお話しして下さいといわれて行ってみると、話の後に、みんなで踊りカラオケで楽しむということになっていました。そうするとそもそもお話なんて聞きたくないのです。そういう状況で皆さんに聴きなさいと抑えつけて、お話をするのは無理というものです。

もし話をする前後の行事などの都合で非常にやりづらい状況である場合は、当初予定していた話をそのままするのではなく、少しでも関心を喚起させるよう臨機応変に内容を変えて、聞き手の関心をまず集める努力が必要なのです。

## （四）会場に関する確認事項

四番目には、会場の設営に関して確認すべきことを以下に示します。些細な事柄ですが、せっかくのいいお話も聞きづらい環境では、感動も半減してしまうことがあります。もちろんそれぞれの会場設営は基本的には主催者にお任せするしかないのですが、限られた条件でも法話の当日の会場でお話をより聞きやすい環境にすることができます。また場合によっては依頼を受けてから、主催者側に予め会場設定について配慮をお願いすることもできます。

### 起立・座席

まず最初に話し手が立って話をするのか、座って話をするのかということに気を配る必要があります。実際に演壇で椅子に座ってお話をすると、百人のうちの二十人ぐらいは聴講者の顔がよく見えません。会場全体の様子や反応を受け止めるためにも、立って話をする方がよいということになります。その場合、原稿を読み上げるわけにいかないので、予め話の内容組み立てを頭の中に入れてやるということになります。大学の講義では先生が視線を落として講義ノートを見ながら授業を進めるということもありますが、それは授業の内容が学問的緻密さを求められるので仕方ないでしょう。しかし法話では話し手が直接会場の雰囲気を直感的に受け止めつつ、ライブ（生演奏）感覚で聴き手に迫っていくことが必要なのです。

## 屋内・屋外

会場が屋内か屋外かということで配慮も変わってきます。たとえば屋外でのお話の場合、子どもたちが暑いときに外で立っていたら長話はできません。熱射病・熱中症の心配も出て来ます。それから話し手の服装についての配慮ですが、衣を着る場合は無地がよく、金襴などは外ではかけない方がよいでしょう。

## 会場の大小

会場はそれぞれ大きさが広い会場もあれば、人数の割に狭い会場もあります。特に法話はお寺の本堂で行う場合が多いでしょうが、そのお寺の構造、特に柱の位置によって本堂のどこに演壇を設営したらよいか問題となります。お寺によっては柱が邪魔になって、広い本堂でありながら大勢の人が聴講できる場が設営できない場合もあります。本堂のどこに演壇を設けるかということについては会場設営の重要なポイントです。

## マイクの有無

マイクがあるかないかも重要な確認点です。マイクがあったならば、前もって一番端の方に人を立たせ、聞いてみてください。「マイクの音が聞こえますか？」というように。「なんとか聞こえます」と言ったら、それよりも音を少し大きくします。なぜかというと、人がたくさん入ると、人が声を吸ってしまい聞こえにくくなりますので、そのことにも気をつけなければならないのです。

## 声の通り具合

声が通るか通らないかというのは、建物によります。木造建築ですと声は通りますが、鉄筋の建物の場合は意外にも通りにくいのです。どういうことかというと、たとえば「私が」という声が明瞭に聞こえません。その場合には、ゆっくりと言葉をはっきりと、語尾もはっきりして、ゆっくり話をするのです。そのコツを覚えてください。

## 会場の構造

真ん中に柱があると当然、話の邪魔になります。かつて横須賀には軍隊の兵舎がありましたが、その兵舎を改造した建物で話をしたことがあります。兵舎独特の構造から柱が真ん中にあって、話をしていても柱が邪魔になってしまい、少し移動してもやはり別の聴衆からは見えなくなってしまいました。そういう会場ではやはり話し手が同じ所にとどまって話すことはできません。移動しながら話す工夫が必要となりますが、会場については構造を何らかの方法で確認しておくか、前もって主催者に詳細を聞いておくべきでしょう。

## 外からの騒音

法話の会場は外からの騒音で騒がしくなる場合も時にあります。飛行場に近い地域ではジェット機の騒音で話が聞きづらかったり、新幹線、高速道路などが隣接していて、話が盛り上がっているときに騒音が飛び込んで聞こえなくなったりすることもあります。そんな時、お釈迦様はじっと黙っておられたそうです。無理に声を張り上げたりせず、泰然自若とすることも必要なのです。学校では校内放送などが入ってくることもあります。そういう場合もありますので、予め会場に放送が流れないように話しておけばよいのです。

## 採光

　ある女学校で私がお話しする機会がありましたが、お話する台の前に大勢の生徒らが集まっているにもかかわらず、ライトが邪魔になって生徒達の顔がよく見えませんでした。そこで先生方に「これ少し下げていただけませんか」とお願いしたのですが、「阿部老師、備えつけですから動きません」とおっしゃいました。「そうですか」といいながら前に出て、力を入れて押すとちゃんと動くのです、二メートルばかり下げると、ベストポジションになりました。こちらも生徒の顔がはっきり見えるし、向こうからも見えるようになりました。お話も一期一会です。二度と来ない時間をもらって話をするのですから、こうしたことは積極的にやってよいのです。

　また、川崎にある大企業にお話にいったところ、約千人もの社員が集まっておられました。演台に上り照明係の方がスイッチを入れると、真上にライトが当てられて、千人もの人の顔が全然見えません。そこで私は知らん顔して、三歩右へ移動し、今度は左へ三歩移動しました。そして「皆さん、今、逆さまの三日月が右左しましたね」というと、会場が「ワー」っと盛り上がりました。向こうは真っ暗で私の頭の上だけ照らしているから、まさに三日月です。それで照明係が気がついてくれて、ライトの照らす位置を変え、聴衆から見やすいように工夫してくれました。さりげなくそういうことを伝えることは必要なのです。せっかく大勢の人が話に集まってこられたのですから、話をする前にみなさんが集中して聴けるように場面設定に配慮することが必要です。

## 卓上

話をする卓上、あるいは演台に置かれているものにも配慮する必要があります。卒業式などで演台に大きな植木鉢などが置いてありますが、これは今日のお話や挨拶が下手で聞きづらいから、疲れたらこの花を見なさいというサインかもしれませんね。もちろんそんな失礼な気持ちで飾るわけはないのですが、聴いている立場からすると、つまらない話を聞いていたらそんな気にもなるのです。ましてや式のスピーチというのはただでさえ疲れます。

そこで、最初に「今日の話は下手で疲れるからこの花を見なさいということでしょうか」などと言って、みんながわーっと笑うと、先生方が来て片づけてくれます。そこまでなぜ気にするのかというと、そういう改まった会場では日の丸を飾ったり、普段見ないものが飾られていたりで気が散ってしまうのです。聴衆の気持ちが集まるように話し手は努力しなければならないのです。

授戒会のときなどでは、花やろうそくが置かれる場合があります。聞いている戒弟側から見ると全然見えないということもあるので、三帰戒を授けたら、これらは片付けていただく必要があります。みんなの視線が集まるようにした方がよいのです。これは予め知殿寮に話しておく必要があります。

ある老師も「私が導師として行ったら太いろうそくと花とを置かれて、何を話しても聴衆が見えないので、話をする側も困りました」とおっしゃっていました。

## 机

それから机ですが、多くの場合脚が見えないようになっています。えらい人が話すときには演台があったり、机でも上半身しか見えないようにカバーがついていたり、クロスのようなものをかけたりします。浪花節などでも見えないようになっていますね。これが礼儀なのです。

ある会場でのことですが、女性評論家がミニスカートで膝を組んでいて、気になって仕方ないとおっしゃった方がいました。しかしそれは会場を作った方にも配慮が足りないというべきでしょう。前もって気にならないような配慮をすべきです。お寺の法話でも同じです。足下が丸見えになるので、よほど気をつけなければいけません。

足下が見えてしまい失敗した例があります。大昔の話ですが、鳥取県に面白い男がいまして、彼に女学生に法話をするようにお願いしてみました。普段の彼は大そう立派なお話をするのですが、どういうわけか女学生の前では緊張してがたがた足が震えてしまったのです。その様子が机の下から見えてしまい、一番前にいた女学生が「このお坊さん、足が震えてる」と気づかれてしまいました。よほど助け船を出そうかとも思いましたが、これも勉強になるだろうと知らん顔をしていました。何十年も経った今でも、会うと必ずそのことを彼に言われます。「阿部老師が助けに来てくれると思ったら知らん顔。足は震えるし子どもらは笑うし……」と。しかしこれは仕方ありません。生涯忘れられない貴重な経験であり、練習を何回も積み重ねても得られない貴重な実践練習であったと思います。しかしこれも簡単に言えば、ただ足下が見えていたためです。机一つにしてもこのような失敗もありますので、気をつけなければなりません。

## 水

法話をしているとたいていは演台に水が置いてありますが、基本的に飲んではいけません（もちろん体調が悪くて喉の調子も悪いという特別な状況では別です）。そもそも話の途中で水を飲むのは難しいものです。主催者側は親切で持ってくるのですが、この場合前もって断っておけばよいのです。

なぜかといいますと、特に夏の暑いときなどは、話し手が水を飲むと、聞いている人も「あ あうまそうだな、私も早く帰ってビールを飲みたいな」などと思うものです。そうすると一生懸命話をして、みんなの気持ちをここまで捕まえたのがぺしゃんこになってしまうのです。こういうものはできるだけ飲まない方がよいのです。

### 時計

時計は聴いている側の方に話し手から見えるよう架けてあればいいのですが、逆に話し手の背後に架かっているると時間が気になってしまいます。たとえば夕方四時過ぎると女性の方ですと「早くうちに帰って晩の支度しなければ」などと思ったりするはずです。なまじ時計があると気になって仕方ないのです。そのときは時計を下ろすということも考えてよいと思います。

## 二、聴衆について

法話を聴きに来られる方たちは、主催者の設定する目的によって、その人数や種別もさまざまです。お話しする対象がどのような人々であるのか、世代や理解度などをある程度予想して話の内容と表現を工夫する必要があります。

私もこれまでいろいろ場所でお話しいたしました。学校にもよくお話に行っているのですが、それが続いた後、お寺で法話をすると、「今日の阿部老師の話は、何か学校のＰＴＡでうかがっているようなお話でしたね」と言われました。逆にお寺での法話ばかり続いて、たまに学校へ行くといったときに、「今日の阿部先生の話、ちょっと説教くさかったですよ」と言われるときもありました。同じ話でも、それぞれの場面に対応するように配慮する必要があるのです。そのためにも普段からさまざまな問題について関心をもって心のアンテナを立てておく必要があります。あらゆる本が法話の材料になりますので、雑学のようなことでも勉強にならないものはないのです。ただし、株の話とか、政治の話、女性の話は、法話の内容としてふさわしくありません。

## 人数

聴講される人が二十人か三十人のこぢんまりとした会であれば、相手に会話をするようなお話の仕方をすればよいでしょう。会場にいる皆さんの名前を知っていたら、その方の名前を時々言うわけです。「〜と思うけど、伏見さんそうでしょう」「〜と思いますけど、土田さんどうですか」。そうするとみんな自分に向かって話をしてくれると思って、真剣に聞くようになります。

## どのような聴衆なのか

まずこれは会場にいる聴衆が一定の年齢層であるのか、混成であるのかということです。混成とは要するに、老人もいれば若者も、子どももいるということです。特に後者の場合にはそれなりの工夫が必要です。

小学生の場合には、大体二年生の子がわかるようにお話すれば、みんな聞いてくれますが、そのための工夫が必要です。例えば永平寺の道元禅師が中国から帰朝されたときに、私は日本になにもお土産はもってきていない、ただ眼は横、鼻はまっすぐだ（眼横鼻直）、という話が『永平広録』に出てきます。ただ、鼻が縦で目が横だというのは言葉だけなら意味は通じますが、しかしその意味するところはなかなか子供たちに理解させることはできませんし、大人であっても難しい内容です。

こうした場合、たとえば目と眉毛で話し合うという次のようなお話などを用いるのもよいでしょう。

あるとき目が言いました。「私がちゃんと開いているから歩けるんじゃないか。それに較べ、眉毛のおまえは何の役にも立たない。何で私の上でいばってるの」と眉毛に文句言います。

そうしたら眉毛の方もそうだな、悪かったなといって下へ来たというのです。それで目は今度、大いばりで「よし、表へ行こう」といって表に散歩しました。そうしたらほこりは入るし、雨は入るし、すっかり困ってしまい、悪かったな、元どおり上に行ってくれよといって、結局上に行ってもらいました。

このようにお話を聞かせるのです。小学生も中学生もきょとんとした顔をして聞いています。そこから人間の顔にある目や鼻はそれぞれ大切な意味があって、自分の自由にならないんだよ、ご先祖様からいただいたんだよ、という具合に話をもっていけば、いくらでも話が広がります。

聴いている人々が様々であってもやはりその集団の最大多数がどのような人々を意識して話す必要があります。布教師としての法話であれば、お坊さんが多いのか、一般の方が多いのかによって内容も違ってきます。

　では青年男女でレクリエーションをする場合などは、どんなかたちで持っていったらいいでしょうか。人間というのは面白くて、青年の場合に男が例えば六十人、女の人が四十人とすると、男性を主にして話をすればいいのです。

　これまでの経験で興味深く思ったのは、グループ活動などで、手をつなぎなさいと言いますと、男性の方が多い場合、抵抗感もなくすぐにやってくれます。しかし女性の方が多いと、なかなかやりません。みんなで手をつなぐのに二十分以上かかったりしました。女性はどの男性がいい人か瞬間的に把握して、誰があの人と手を結ぶのかで牽制し合うということがあるそうです。特に話のなかで手をつなぐという指示をすることがある場合、男女の割合というも念頭に入れる必要があるのです。

　また学校などでは一般高校と実業高校では生徒達の聞き方に少し差を感じます。どう違うかというと、一般高校の生徒の多くは大学受験をめざしているので、お話を聞いても聞き方が割と軽い。実業高校の生徒達は卒業したらすぐ就職するので、お話を真剣に聞く傾向があります。実業高校の他にも看護師を養成する看護学校、警察官養成のための警察学校などがありますが、こういう学校にお話に行くと、実に真剣に聞いてくれます。自分の将来の目標が具体的に定まっている人たちだからでしょう。

普通高校の生徒たちは、あくまで教養として聞くのです。やはり普通高校は大学の前提の段階にあるので、生徒たちは学校の授業でさえ受験に関わらない科目はどうでもよいという聞き方をしています。ましてや講演などを真剣に聞いてくれる生徒は少ないものです。実業高校や具体的な職業者を養成する学校の生徒に対しては、話し手の方も生徒たちが将来どのような職業につく人たちなのかが具体的にわかり、話の内容もできるだけ具体的で適切に準備することができるので、生徒達も真剣に聞いてくれます。

逆に言いますと、そういう具体的な方向性が見えている生徒に対してあまり具体的でない話題に終始するならば、話に関心を持てず、寝てしまうのです。

また宗教団体とか政治団体でお話しするという場合、その団体のメンバーの中に始めから僧侶に対して先入観をもっていたり、批判的な意見を持っていたりする方をお見受けする場合もあります。檀信徒に話す場合と異なり、そもそも法話を聞くための前提がない人々に感銘を与える話をすることはなかなか難しいことですし、時間もかかります。そういう場合、曹洞宗の教えだとか仏教の考え方だとかをストレートに話しても、聞き手の心に届きません。しかし、人はだれしも現実の社会の中で苦しみを抱えています。そういう人々に宗教的枠組みを超えて同じ土俵に乗って語りかける必要があるのです。ともに地域社会に住み、同じ時代を過ごしてきた人間として聴いていただく人たちに有益なメッセージを発信できればよいのです。それには僧侶としての修行経験や仏教の知識をそのまま話すのではなく、それを一旦自分の中に血肉化させてから語りかけることが必要ですし、そうした意識をもって普段から日常の様々な問題に対して関心をもち、自分の意見を発信できるようにしておかなければならないのです。

## 関心と先入観を考慮する

聴き手がどんなことに関心を抱いているのかについては、聴講者がどのような集団であるかを見極めるとある程度予想ができます。もしお坊さんでなければ、最初に世間で今話題となっている事柄や時事問題などを取り上げてみてもよいでしょう。しかしこれは話の中心ではなくて内容に入って行くための方便に過ぎません。特に政治的な問題ついて特定の政党の立場でお話しすると、かえって偏った意見として受け入れられませんので気をつける必要があります。

またお金をどう儲けるかということに人は関心を寄せますが、お坊さんの話ですから真の幸福とは何かとか、病気や苦しみとどう向き合っていくべきかといったような人としての本質的な課題を話さなければなりません。しかしこうした重たいテーマを話す前に、一般の人たちから見て身近で親しみやすい話題から入って行く必要があるのです。

日本の各地で法話をしてみてわかったのは、その地方の地域性あるいは特有の文化があるということです。そしてその地域性や特有の文化に育まれた精神的風土があるのです。聴いている人たちが先入観と信念とを持っているというのは、たとえば在俗の信仰のような習慣が強い地域のことです。寺の総代が一方で神社の神主をやっていたり、一方では明治の廃仏毀釈の影響がまだ残っていたりで、お寺と神社がいまだに対立的な地域もあります。明治初頭の鹿児島のように、お寺が全面的に廃された地域もあります。

以前沖縄にお話に行ったおり、驚いたことがありました。沖縄は独特の宗教文化を持っていて、「達磨さん」と言っても知らない人が多いのです。まして道元禅師や瑩山禅師といったところでほとんど通じません。そこで話をしろと言われても、なかなか大変なのです。こちらも話す前の予備知識がないと、なかなか話が通らないのです。

法話を依頼される時、よく「方丈様、どういう題でお話しいただけますでしょうか、題を予め教えてください」と聞かれます。しかし題を決定してしまうと、内容が狭くなります。こちらから演題を決めるにしろ、ある程度主催者側から演題を与えられるにせよ、大事なのは聴き手にとって関心があるかどうかが一番大切なのです。

ＮＨＫのアナウンサーの藤倉修一さんが、こんなことを言っていました。「聴衆が寝ていたら、それは独り言ですよ」と。どんないいお話をしても、相手が寝ていたらば、それはあなたの独り言ですよ、愚痴ですよ、という意味です。

また歌手の藤山一郎さんは「歌うようにうまくても聞きづらい話はだめですよ。わかりやすくて聴きやすい話をしなさい」と言っていますが、これが法話において大切なコツなのです。

# 第三章　法話の内容構成の秘訣

## 一、筋を明瞭にする

法話の内容ですが、まず話の筋を明確にさせることが大切です。たとえば外国に行ってきたりしますと、話のネタがたくさんあるので、あれも話したい、これも話したいという場合がよくみられます。つい「あれもこれも」という気持ちになるのはわかるのですが、しかしわかりやすい内容にするため取捨選択することの方が大事なのです。

ある優秀な校長先生でしたが、その方は生徒たちに対して、いつも「あれもこれも」と話すので、結局いつも聞いたことのある話題になっていました。また、お話の最中で元に戻ってしまうこともありました。私は「三本立てはいけませんよ」とよく言っているのですが、それは筋をはっきりさせ、内容をわかりやすくするということなのです。

## 二、専門的な言葉は避ける

法話ではできるだけ専門用語のような難しい言葉や表現は避けるようにします。僧侶に対してではなく、一般の人たちの前で話すときは、特にそうした配慮は必要です。

よく法話で「ご本山では直歳《しっすい》と申しまして」とか、「ご飯炊くところは典座寮《てんぞりょう》と言いまして」という方がいます。これはこれから話す内容を深めていく上で必要であればよいのですが、単に禅寺や僧堂の特殊な言葉を言い換えだけて終わってしまうのであれば、やらない方がよいのです。また人によっては、「そういう問題は五つあります」という言い方で話を整理しようとする人がいますが、実はこれもよくありません。「五つもあるのか」ということで聞いてくれないのです。

また曹洞宗のお坊さんで道元禅師について「御開山様」という言葉を使われる方もいらっしゃいます。この「御開山」という言葉を言い出したのは西有穆山禅師です。こうした言葉を聞きますと、師資相承されてきた大切な伝統を感じます。ただご本山で法話する場合はともかくとして、一般の寺院でお話する場合、いきなり「御開山」といっても一般の方にはよくわかりません。そうではなくて「道元禅師様」というように「様」をつけるとよいのです。「永平寺様」、

「總持寺様」、「道元禅師様」、「瑩山禅師様」という言い方ですと、そこには大本山や両祖様を大切にする気持ちが自然と伝わるのです。檀信徒に話す場合、こうした言葉の表現に対する配慮が必要です。単に「永平寺」とか「總持寺」というより「ご本山」という言い方の方がよいのです。

それから曹洞宗のお坊さんのお話を聴いていますと、よく「誠に難値難遇なことでございます」と言ったり、「乳水和合の精神で」などとおっしゃっているのですが、はたして一般の人がわかるでしょうか。「貫首」という言葉も同じです。「禅師様」といえばわかるのですが、「貫首」という言葉を耳にしてもやはり一般の人にとってはわからないのです。聞いている人にとって「ナンチナングウ」「ニュウスイワゴウ」「カンシュ」という音が耳に入ってきても、それらが頭の中で文字として思い浮かばなければ、伝わっていないということになります。大切なことは話の内容をわかりやすく伝えるということです。一般的ではない難しい専門用語はなるべく使わない方がよいのです。

それから「無常」という言葉ですが、誰かが亡くなると、「世は無常でございます。昨日までご丈夫だった方がお亡くなりになってしまうなんて」といっています。『修証義』の総序にもそのような意味で説かれています。確かに諸行無常は三法印といわれる仏教の根本教理の一つであり、仏教の根本道理であります。ただこの無常という言葉を消極的で厭世的な側面でとらえるだけでなく、常に変化し新たに展開し躍動するという積極的な意味も示していかなければなりません。こうした新たな展開と躍動という、もう一つの面を禅の立場から教えていかなければいけないのです。

例えば因縁因果といいますが、二という素因と二という素因が出会う。これは縁ですから因縁といいます。結果が四ですから、それを因果といいます。そうすると、汽車が走るのも、飛行機が飛ぶのも全部因果ですから、われわれはその世界から逃れられません。そういう方向にもっていかなければならないのです。

## 三、組み立て方のポイント

### 五つの要素

話の内容の組み方の五つの要素を示しましょう。

まず一番目は納得。二番目が意志衝動。三番目が理解。四番目が説明。五番目が興味、関心

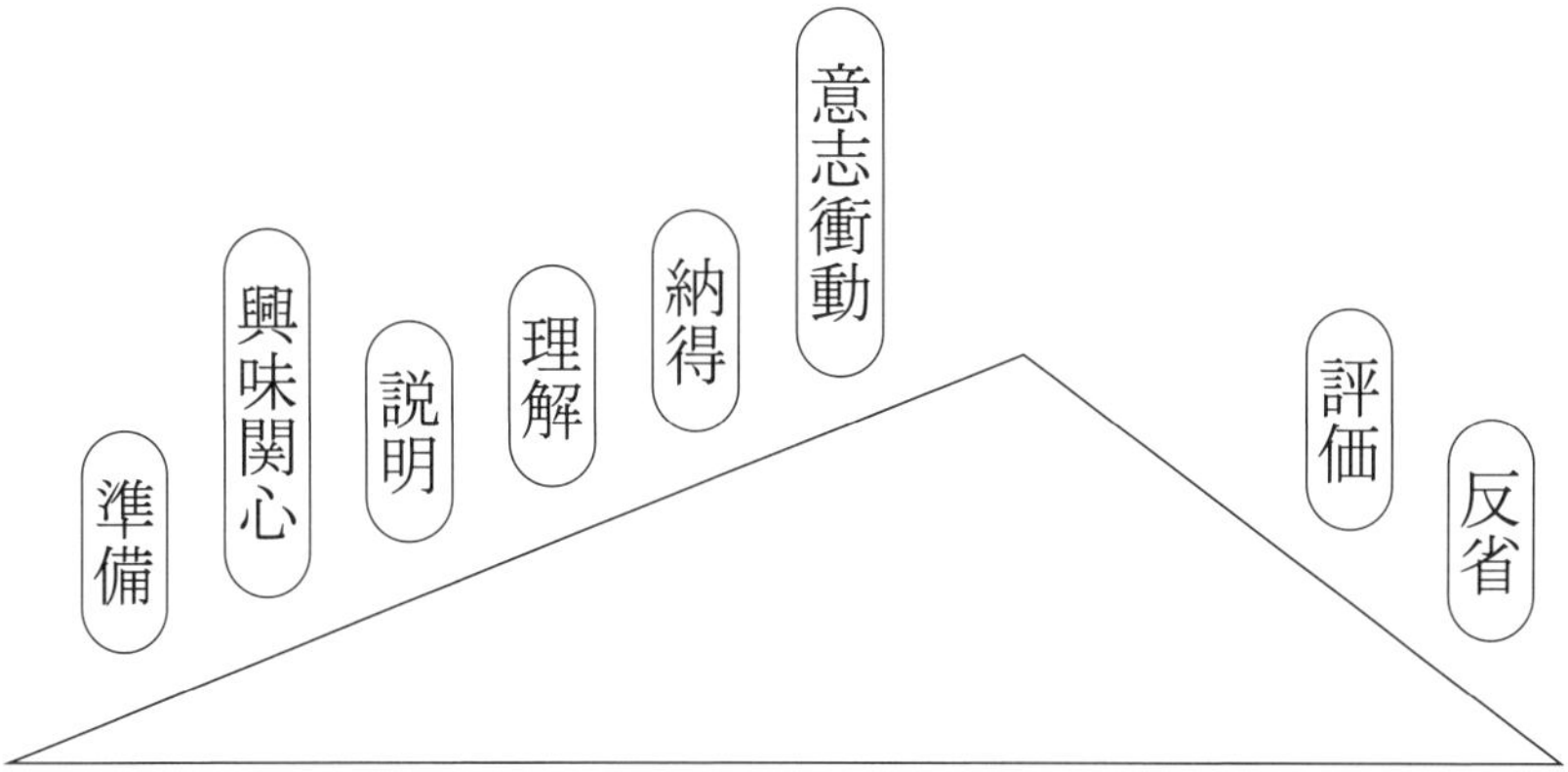
準備
興味関心
説明
理解
納得
意志衝動
評価
反省

です。法話はこの五つを逆さにやるのです。

今日の布教師様は何を話してくださるかな、とまず興味関心を持たせなければいけません。そこで説明をします。これが約十分です。説明をするから理解をします。聴いている人が理解をしたところで、「布教師様はこうしなさい、とはおっしゃらないけれど、家へ帰ったらやってみようかな」と思うのが意志衝動です。その意志衝動を起こして初めて納得して家へ帰るのです。その順序を忘れないで下さい。

## 流れを大切に

流れとは順序をふまえるということです。ちょうどボタンをはめていて、気づいたらずれていたので、また初めからボタンをはめ直さなければならないようなものです。あるいは、雨戸を開けていて四枚目が開かなくなると、また初めからやり直さなければならないようなものです。ものごとは順序と努力がなければできないのです。

そのためには自分の頭の中に話の筋道をきちんとたたき込んでおく必要があります。ある布教師の事例ですが、この方はたいへん力のある布教師でした。そんな方でも、通夜説法をお聞きしたとき、お話の途中で「もとい」とやって話を中断して、戻って話をし直したことがありました。まだお若い頃でしたが、慣れていてもうっかりすると話が飛んでしまい、流れがなくなってしまいます。スムーズな流れを作るためにはしっかりとした話の構成をつくりその順序をしっかり頭に入れておかないと、台無しになってしまうのです。

順序をふまえるというテーマで、「七つのお饅頭」のお話を紹介しましょう。これは子供向けですが、大人にも転じて使えるものです。

お饅頭をいくつでも食べたいと思っている男がいました。ある日、いくつ食べてもいいと言われたので、喜んで食べたのですが、なかなかおなかがいっぱいになりません。やっと八つ目を食べ終えると、ようやくおなかがいっぱいになりました。

そこで、その男は「何て私は愚かだったんだろう。前の七つ、食べなきゃよかった。八つ目の饅頭を早く見つけていれば、半分食べただけでおなかがいっぱいになったのに」とまじめな顔をして子どもに話すのです。

すると子供たちは「それはおかしいよ。七つ食べたから八つ目の半分でおなかいっぱいになったんじゃないか」と言ってきます。

「そうか、おまえ、わかるか」

「わかるよ」

「それでは言うことがあるぞ。誰々ちゃんの家はお金持ちだからいいなって言ったことはないか。誰々ちゃんの家はこれこれこうでいいな、って言ったことないか。そういうことを言うのは、目に見えない、七つのお饅頭に気がつかないからだよ」

これは子どもに対する話ですが、それを今度は大人に向けるのです。

たとえば「あそこのお嫁さんはいい嫁さんだな。うちの嫁はいちいち口答えするので、ああいうところのお嫁さんみたいな人が欲しかったな」とか、「あそこのじいさん、ばあさん、いい人たちだな。ああいううちへお嫁に行きたかったな」と思うときがあります。でも、その方たちは、必ず人にはわからない、七つのお饅頭があるのですよと言ったら、それはもう子どもの話ではなくなってきます。このように話の材料をうまく工夫して展開していくのです。

## 聴き手にわかる内容

お話で一番難しいのが幼児へのお話ではないでしょうか。幼児にわかるようにお話するには、レクリエーションを交えるとよいでしょう。また幼児が喜んで使う言葉は同じ音を繰り返す言葉や表現です。例えば、「チンチン電車」とか「てんてんてんまり、てん手まり」というのは同じ音の繰り返しです。このような繰り返しの表現を意図的に用いると幼児との距離が近くなります。

「マキちゃん、はい、マキちゃん、はい」と語りかけると、何度やったってにこにこしてやっています。これを知らない大人は飽きてしまうのですが、実はあの繰り返しのリズムが幼児は大好きなのです。

これをレクリエーション混じりでお話をすると、子どもたちはよく聞いてくれるのです。

私が保育園のＰＴＡ会長をやっているときに、町長が来られ挨拶をされました。といっても前には幼児がいっぱいいるではないですか。町長は「お子さん方、おめでとう。ちょっと静かにしててね」というのですが、それでは幼児には通じません。

そこで私はこう言いました。

「みんな、春になって、黄色と白で、ピラピラ飛んでるの、何て言うの」

「チョウチョ」

「そう、あれチョウチョって言うんだよ。うちの町にも町長さんいるの、知ってる」

「知らない」

「あのね、この町でみんなのことを心配して働いてる人、町長さんっていうんだよ」

「なら、わかる」

「その町長さんがここにいるの。みんな拍手してあげよう」

というように町長さんを紹介した上で、

「町長さんがちょっとお話があるから、静かに聞きなさい」

そういう話の仕方をすると、子どもまでちゃんと聞いてくれるのです。

また学校や会社・婦人会でお話しする場合、それぞれテーマが与えられたりしますが、いただいたテーマの中に聴き手にふさわしい内容を盛り込むことも必要です。

小学生に話すにはどうしたらよいかというとだいたい二年生を目標にわかりやすくお話しするとよいでしょう。中学生や高校生は生意気盛りですから、外国語などを使って話すと効果的です。「それが君、中心だぞ」といって話すよりも、「それが君、メインカーレントだぞ」と言うと、「おお、和尚やるじゃねえか」と逆に感心して聞いてくれたりします。

また大学生には、宇宙、天下国家といった大きなテーマを入れたり、女子学生にお話しする場合は、ただ理屈っぽい話ではなく、感情に訴える話の内容を入れるとよいでしょう。

婦人会などでは嫁姑の話題は不可欠な話題ですし、老人会では人間の一生とは何か、老人とは何か、生きがいとは何か、という話をすればよいでしょう。

会社でお話しする場合、やはり人間関係のことや人材育成などの話を入れることが必要とされるでしょう。たとえば会社においてある提案をすると、批判的な意見が二割、褒めてくれるのが二割、あとの六割は中間派となります。そして提案したプランが成功すると、中間派の六割がこちらにつくけれども、逆に失敗したときは、六割が反対側につく、そんな集団心理を紹介しつつ、それぞれの夢の実現を応援するような話の内容にしていけばよいと思います。

さらに参禅会のような会でお話しする場合は提唱のようなスタイルで話すべきであり、施食会（施餓鬼会）でお話しするときは、ともにお参りができた喜びという面を強調して話をするとよいでしょう。

## 注意の集め方

しゃべっている方はそれなりのテンションをもっていますので、一時間でも二時間でも話し続けられます。しかし聴いている側はそういうわけにはいきません。自分でしゃべっているときは生き生きとしているが、逆に他人の長話を聞くときにはコクリコクリとやってしまう人をよく見かけます。最初に申しましたように人が集中して聴けるのは三分から五分くらいです。

長いお話の中でとても大切なところにさしかかるときには、話し手の方から意識して聴衆の注意を喚起させることをしなければなりません。人はどういうものに対して注意が喚起されるのかというと、およそ次のようなものです。

a「動くもの」
b「本物であること」
c「身近で親しいもの」
d「新しいもの」
e「不安を感じさせるもの」
f「衝突するもの」
g「ユーモアと笑い」
h「命に関するもの」
i「音のするもの」

といったところです。

まず「動くもの」に必ず人は注意が行きます。大きな法要では導師が入堂するとき、今では甲乙引磬、先導師が並んで進んで行きます。しかしかつて梅崖奕堂禅師様（總持寺独住第一世）が法堂へ上殿されるときは、侍者だけ連れて行っても、辺りはシーンとしたといいます。奕堂禅師は侍者をお連れになっただけですが、動くものだからそれに注意がいくのです。

また「本物である」ことというのは、本物として断定的に話ができるということです。「だそうです」という間接的な表現では、インパクトがなくてだめなのです。話に力をもたせるには断定表現でなければなりません。そのためにも本物でなければいけません。

次に聴く側にとって「身近で親しいもの」であればやはり関心が湧いてきます。たとえば「よその人があそこでけんかしているよ」と言われても大して関心が気にもとめない人が、おやじとおふくろがそこで取っ組み合ってけんかしているよと言われたら飛んで行くでしょう。それは身近で親しい肉親だからです。

「新しいもの」も必ず注意が行きます。人はいつも新し物好きです。また「不安を感じさせるもの」というのは宗教団体の勧誘のときに使われます。人間同士の衝突やトラブルなど、だれしも経験あるものです。

「ユーモアと笑い」は法話においてとても重要で、必ずこれを使う必要があります。もともと落語や漫才は仏教のお坊さんの話芸から発達したといわれます。たとえば笑い話集を書いた安楽庵策伝（一五五四〜一六四二）というお坊さんは落語の祖といわれています。また浄土真宗のお説教（節談説教）などでも必ず笑いが入ります。これは聴いている人の集中力が途切れてしまうときに一番効果のあるものです。こういたユーモアのネタは、新聞のコラムなど、日常的にころがっていますので、いい材料が見つかったならば、まめに切って取っておくことです。

「命に関すること」、これは病気や死に関することですが、だれしも最も関心のあるテーマです。「あなたご丈夫そうだけど、オリンピックまでもちますか」といったように問いかけますと、自分の命に関することなので、みんな真剣に聞いてくれます。

最後に「音のするもの」というのは、たとえば先生が、子どもがうるさいと黒板をチョークなどでコツコツとたたくと、それで静かになるわけです。よく挨拶する前に司会が「ただいま誰々さんがご挨拶なさいます」といって、その誰々が来たとき、一人が手たたくとみんなも手をたたきますね。あれも注意を促すための方法になります。

# 第四章　表現技術の秘訣

## 一、リズム感

まず法話において第一に大切なのがリズム感です。リズム感がなくてはいい法話にはなりません。かつて總持寺の高階瓏仙禅師がそうでした。高階禅師様のお話を静かに聞いていますと、いいお話だからにこにこ聞いています。すると急に「それが南無帰依仏だぞ」とまとめの言葉が入ります。そのたびに「しまった、メモしなきゃ」とよく思ったものです。高階禅師はいかにも春風のような穏やかなお話の仕方でした。リズムがあるから自然に聞いてしまうのです。そういうところを、マスターしなくてはなりません。

また永平寺の北野元峰禅師もそうでした。北野元峰禅師はお話を終わろうとするとき、「これでいいか？」とおっしゃいますと、傍らに控えていた侍局長の細川道契老師が、「禅師さま、それでは梅干しの話」と一言いいますと、「そうか、そうか。皆さん、梅干しはな」と続けられ、そうしていつもお話が終わっていくのです。これも一つのリズムですね。

そこで気をつけなければならないのが、時間を守るということです。これは必ず守っていただきたいものです。法話をする場合、大抵は前後に行事が入っています。授戒会などでも次の行事の準備で他の方が気をもんで待っているものです。それで、そろそろお時間ですというメモの紙を持っていきますと、「皆さん、こんな紙が来ましたけどね、せっかくお話がいいとこなのにやめられますか？」という人もいますが、予定通りでないと周りが困ってしまいます。

## 二、ルックス

次にお話するにあたって大切なのは、ルックスです。簡単に言えば、上品でなければいけないということです。これは曹洞宗でよくいわれる「威儀即仏法」と関係します。

浄土真宗の坂東性純先生（元大谷大学教授）は私より一級年下ですが、なかなかの学者で、とりわけ英語が非常に達者でした。この坂東先生がお仲間と一緒に大雄山に来山したときのことです。そのとき大雄山の伝灯諷経《ふぎん》にご参列され、「毘婆尸仏大和尚」から始まる三国伝灯歴代祖師を読み上げる伝灯諷経にとても驚かれて、「曹洞宗ではこれを毎朝やっているのですか」と尋ねるものですから、「朝課でいつもやってますよ」と答えました。總諷経では繞行《にょうぎょう》が入ります。曹洞宗のお経のよさの一つにこの繞行があるといえます。我々はあまり意識しないのですが、他の宗派からみると、「何々大和尚、何々大和尚……」と三国伝灯歴代祖師の名を読誦し、また繞行する姿にとても感銘を受けるようです。仏祖の命脈がとつながっていることを再確認できる勤行だからなのでしょう。それを我々は、朝課の諷経を通じて知らず知らずのうちに身につけているのです。その勤行の姿は「威儀即仏法」の具現化であると言えるでしょう。そうした威儀即仏法のありようが知らず知らずのうちに上品性として周りから感じ取られるのです。

永平寺の森田悟由禅師は、各地の村や街で一人托鉢をなさっておられました。そうするとその村や街で、必ず町長や志のある人から「お坊さん、今日うちへ泊まっていただけませんか」と言われたそうです。永平寺の禅師様だから泊めたのではありません。禅師になる前の話です。それくらい徳が上品さとしてにじみ出ていたのですね。

このルックスという点でいえば、やはり服装が大切です。服装といってもただ表面的にきらびやかであることと異なります。たとえば金襴のお袈裟がありますが、金襴は表で着るものではありません。各地域の仏教会では宗派を越えて仏教行事の式典を行うことがありますが、屋外で開催されることも多くあります。各宗派からの参加なので比較されることもあってか、みなさん紫などカラフルな色衣で参列しています。うちの坊さんは地味だなんて言われたくないから、という気持ちもあるのでしょうが、外から見ると、厳粛さがありません。こういう時は地味な方がよろしいのです。そもそも金襴というのは、堂内で身につけた方がよいのです。谷崎潤一郎の『陰翳礼讃』という本にそのことが書いてあります。

僧侶が纏う金襴の袈裟などは、その最もいい例ではないか。今日町中にある多くの寺院は大概本堂を大衆向きに明るくしてあるから、ああ云う場所では徒らにケバケバしいばかりで、どんな人柄な高僧が着ていても有難味を感じることはめったにないが、由緒あるお寺の古式に則った佛事に列席してみると、皺だらけな老僧の皮膚と、佛前の灯明の明滅と、あの金襴の地質とが、いかによく調和し、いかに荘厳味を増しているかが分るのであって、それと云うのも、蒔絵の場合と同じように、派手な織り模様の大部分を闇が隠してしまい、ただ金銀の糸がときどき少しずつ光るようになるからである。

（『陰翳礼讃』より）

ろうそくの灯りだけですと堂内は暗いわけです。そういう場での法要で繞行すると、ろうそくの灯りで金襴が光ります。そういう陰影の美を谷崎潤一郎は「荘厳味」という言葉を用いて表現したのです。

これは金襴のお袈裟ばかりでなく、花嫁衣装などでも同じです。あるとき寺の総代の家でお話ししていますと、三つぐらいの子供が「お化けが来たー」といいながら泣いて飛んで来ました。なにかと思って出てみると、なるほど、お化けが来ました。それは花嫁さんでした。花嫁さんが白無垢姿の格好で、角隠しをして歩いて来たのです。ご本人としては晴れがましい気分でしょう。しかし、子どもの素直な目から見たら、それがお化けに見えてしまったのです。まるで裸の王様のようなお話ですが、そういう目も忘れないで、自分自身がどのように見られているのか気を配る必要があるのです。ルックスが大切というのはそういう意味です。

## 三、即応性

法話をするのには即応性がなければいけません。法話中もその会場の状況によって用意してきたお話の材料を少し加工して、その場にあったお話にすることが必要です。これはよくいわれる「当意即妙」ということです。法話の演壇に立って見て、明らかに会場の聴衆の年齢性別がかなり偏っていた場合、話の内容・表現を少し変えて聞いている人の心に響くようにすることです。

また話の途中で私語があったり、とんだハプニングが起きることもあります。そういう状況の変化に対してもうまく対応する必要があります。たとえば法話に行きますと、こちらが話しているのに法話を主催する人たちの方がべらべら私語を続けている場合もありますが、静かにしろとも言えません。そのときのコツは、法話の席に入る前に、皆の前でこちらが先に主催者たちに向かって「今日お話をさせていただきます、何々寺の何某でございます。よろしくお願いいたします」と言って、丁寧に手をついてお辞儀するのです。すると相当静かにしています。

この点でいえば日置黙仙禅師と新井石禅禅師が実にうまいものでした。日置禅師や新井禅師は、まず最初に黙ってみんなの顔をずーっと見て、そこからお話を始められていました。その場の空気をつかんでしまう迫力がありました。

それから、話の途中から入ってきた人に困ることがあります。なぜかといいますと、人は動くものに目が行くのです。お話ししているときに、電話が来ましたなどと言って私の後ろを通れば、みんなそちらの方を向いてしまいます。それほど、動くものにみんなの注意が行きます。

こうした途中から入ってくる人への対応について、話し手の側のコツがあります。若い人でしたらその人の顔を見ています。じーっと見て、座るまで見ていて、座ったときに、「いいですか」と言って念を押します。そうするとすぐ話が続きます。

それができないと、場合によっては遅く来た人がすぐしゃべり出すことがあります。遅く来たものですから「いや、遅くなっちゃって……」「急に来客があって……」と言い訳を言うと、周りも「今、校長先生の話だから大丈夫だ」などとフォローしたりします。すでに遅れて迷惑を掛けているのですが、さらに周りの人としゃべり出すという、二重の迷惑を重ねる人がいるのです。ですから坐るまでじーっと見て坐るまで確認するのですが、そのあとをこちらもフォローします。「何の話してるか忘れちゃいましたよ」と笑いながら話し出すと、会場の皆さんがわっと笑って暖かい雰囲気になります。それでその人を叱ったことがゼロになると同時に、話し手のペースになるのです。こうした対応は臨機応変にうまくやらなければなりません。

ところで、あるとき私が横浜の貴雲寺様で法話をしていた時のことで、ちょうど西有穆山禅師のお話のところでした。その内容は西有禅師がまだ若い頃、道中を歩いていると、人相見の男が西有禅師を呼び止めて「なんておまえはお金に縁のない顔してるんだ」と言われたので、西有禅師が「お金に縁がない。それじゃあ俺はえらい坊さんなるな」と受け止めたというエピソードの話でした。まさにそんな話をしていたときに、スピーカーに株式情報のラジオが混線して流れてきたのです。何々株なら何円安、何々会社は何円高という例の調子です。まさにお金の話、これにはまったく困ってしまいました。そういうときはどうするか。そういうときは、もう黙ってそれが終わるまでじっと待つしかありません。臨機応変とはいってもそういうところで変に話題を合わせて話を続けても、聴いている方はその雑音に気が散ってしまいます。こういう場合、話している方は一生懸命話すことはできますが、聴いている立場に立つと、話せば話すほど、かえって逆効果になるのです。

あるキリスト教の牧師さんでしたが、お説教していたとき、だんだん調子が出て来て前へ来たのですが、演壇から落ちてしまいました。思わずみんながわーっと笑ったのです。笑ったときに、牧師がにやっと笑ったら、それまでの説法は台無しです。しかし、その牧師は、何にもなかったような顔をして、また台に登って続けて始めたのです。このように何かあっても微動だにしない、ゆるぎない姿勢を示すことは大切なことです。

川崎のお寺でお話ししていたときのことでした。急に突風があって、本堂の雨戸がはずれてバーンと大きな音をたてて吹っ飛んでしまったのです。そういうときは、お話をしている本人は、落ち着いて黙っていることです。しばらくして「終わりましたね」と冷静に言って、また元へ戻ればいいのです。一緒になって泡食ってしまってはいけません。法話中にさまざまなハプニングが起きても、冷静に対処することが大切なのです。

## 四、面白味

四番目は面白味です。お話にはこれがなければなりません。先ほど第三章の「ユーモアと笑い」というところでも述べましたが、仏教のお説教が落語などにつながっているように、お話において笑いというのは聞いている人の関心を高める効果があり、大切な「方便」です。

法話とか説教というのは、堅苦しい内容であると思っている人も多いはずです。そこで始めに人の心を和ませるために、話の枕もしくはつかみとして笑いをとるなどという工夫を布教師は自然に行っているのではないでしょうか。浄土真宗の節談《ふしだん》説教などでもそういうことをしております。そういう意味での笑いあり涙ありというお話は人の心に通じていくものであり、またいつまでも印象に残るものです。

こうしたお話を印象づける方便としての面白味も大切ですが、さらに重要なのが真の面白味ということです。小手先のユーモアではなくて、話の醍醐味を感じさせ、今日のお話は本当によかったと心の深いところで受け止めさせる面白味です。これは法話をしている者にとって一番大切な目標と言えるものです。布教師はそれぞれの人格を通して聴き手に全身心で仏の教えの一番いいところ、すなわち醍醐味を伝えるのが役目ですが、それを面白いと受けとっていただいたならば、これにまさる布教はありません。

## 五、表現力

それから五番目。表現力です。法話における究極の表現力というものは、体から人格全体としてにじみ出るものです。単に豊かな語彙力や知識を用いて上手にお話しするということではありません。

安積得也さんの『一人のために』という詩集の中に、「うしろ姿」という詩があります。

語る人貴し
語るとも知らで　からだで語る人　さらに貴し
導く人貴し
導くとも知らで　うしろ姿で導く人　さらに貴し

この中で「うしろ姿で導く」というのが表現力の極意ともいえるでしょう。この「うしろ姿で導く」とはどういうことかといいますと、インドのパール判事がよい例です。パール判事（ラダ・ビノード・パール）は、第二次世界大戦が終結した後、戦争責任者を裁く極東国際軍事裁判（いわゆる東京裁判）で判事を務め、日本人の被告人全員の無罪を主張しました。その「意見書」は「パール判決書」といわれています。パール判事は、この裁判がはじめからその方向性を決められており、最初に判決ありきの茶番劇であるとして、この裁判そのものを批判したのです。

このパール判事は何度か来日しており、昭和四十一年十月に最後に来日した際、昭和天皇から勲一等瑞宝章を授与されています。その折、講演会が東京で開かれていますが、そのときのパール判事は重病で、やっと歩くような状態でした。日本に呼ばれたので、それでも病をおして来日されたのです。パール判事はその翌年一月に亡くなっていますので、この日本での講演はお亡くなりになる三か月前のことでした。

その講演会では、今ちょっとパール判事の体調が悪いからお待ちください、お待ちください、というアナウンスがあり、その間代わる代わるにみんなでお話をしていたのですが、そうしているうちにパール判事が、向こうから来られました。やっと歩いているような状態で、みんなシーンとしてしまいます。パール判事は演壇にもなかなか登ることができませんでしたが、やっとの思いで登ります。でも声が出ないのです。体はもういつ死ぬかわからない状態でしたから。パール判事はそこで何をしたかというと、その場に集まっている方々に手を合わせてお辞儀したのです。その姿を見て、聴衆は感動してしまい、みんな泣いてしまいました。何もおっしゃらないのですが、すばらしい説法です。すると、聴衆のある方が、「皆さん、立ったままではパールさんに失礼ではないでしょうか」と言って、床へ座って合掌してお辞儀したというのです。維摩詰居士の無言の説法ではありませんが、これは究極の表現力といえるでしょう。

## 六、現代性

さて、法話には現代性もなければいけません。これはお話の内容を現代に生きる人々が身近に感じられるものにしていくことです。法話ではよく題材をお経や道元禅師の言葉などに求めることがありますが、単にその内容を解説するだけでは、過去の昔話として受け止められてしまいます。自分自身のこととして受け止めてくれないのです。こうした仏教や禅のお話をする場合でも、常に現代に生きる人々にどう活かしていかなければならないかを意識してお話する必要があるのです。

「現代性」といっても、ただ単に今の現代の話題を扱えばよいということではありません。めまぐるしく変化する現代は何かが大流行しても、あっという間に廃れていくというのをくりかえす時代です。お話の会場で同じ世代の人が集まっていればよいのですが、さまざまな世代の方が集まっている場合、一時流行ったものを題材にしても、一部の世代しか通用しないのです。少し前の女子高校生はルーズソックスをはき、ガングロだとか山姥といった不思議な顔立ちの人もいましたが、今はまったく見かけませんし、そんな話を取り上げても今の高校生には自分のこととして理解できないと思います。現代性とは流行のことではありません。

そういう意味で現代の日本人がみんなに共通している課題や話題というのは、実は人間が日々直面している普遍的なテーマであることが多く、それがお経などにも見出せるのです。いうまでもなく仏教の経典はずっと古い時代に成立しているのですが、書いてある内容が現代の我々にとてもよく通じるという場合も実はよくあるのです。

たとえば『父母恩重経』という経典がそのよい例でしょう。そこにはこんなことが書いてあります。

母親というものは、子どもが生まれたときは、自分もまた生まれたように感激に浸るものであり、だから子どもは、お母さんの与えるものでなければ、飲まないし、食べないし、またお母さんの膝でなければ遊ばない。そして親は自分が貧しいものを着ても、子どもにはいいものを着せようとする。この姿はいつの時代も変わらないのではないでしょうか。

しかし経典は、その子どもたちが成長してからがいけないと言っています。息子は結婚すると、夫婦仲むつまじいのはいいけれども、両親に温かい言葉をかけることもしない。夜寝られないときがあっても、「おはようございます。昨日、よく寝られましたか」と声をかける子もいない。年を取れば頭もボケて、いろいろ粗相をするけれども、そうすると息子がお父さんやお母さんを叱りつける。年を取って何がつらいかというと、子どもに叱られるほど情けないことはありません。それを嫁さえも一緒になって肘つき合って笑っている。そんなことが書いてあります。

このお経を法話でそのまま話してみるとよいでしょう。今の人たちはこれを話せば大抵はピーンときます。そしてみんな泣き出します。泣かせようと思って話しているのではありません。それは現代の私たちに起きている事柄とあまりにも共通するからであり、遙か昔のよそ事とは思えないからなのです。このお経は、あなたはそれで子どもとしての務めが果たせていますか、と問いかけているのです。

私はこの『父母恩重経』を今どきのようにお葬儀の時に少し直して読誦することがあります。その家の都合や火葬場の都合で、少し時間が延びるときがありますと、そのお通夜のときにだまってそれ読誦してみるのもよいでしょう。お経に書いてあってもこのテーマは決して古いものではありません。まさに現代性をもったテーマといえるのです。なお『父母恩重経』については本書の第二部に法話の実例を載せておりますのでご参照ください。

## 七、話の間

お話にはテンポが大切ですが、その時重要な点は「間を取る」ということです。布教師であってもなかなか間の取り方がうまくできない人もいます。

話の流れが止まるとシーンとします。そこで一呼吸置いて、それから話せばいいのですが、このシーンとした沈黙の状況が怖いものですから、せっかくいい内容の話をしていても、ついのべつ幕なしにしゃべってしまうのです。

そのことを私もよく指摘するのですが、すでにご本人も気がついている場合も多いようです。何とかそうしたいと思っているのですが、なかなかできないのです。お話の内容はとてもよいのですが、間がとれないために余韻がなくなってしまったり、また勢いがつきすぎて、ただわめくだけになってしまうことさえあります。

こうしたテンポとか間を取るということで思い出されるのが、かつて漫才ブームのときに、一世を風靡したB＆Bという漫才コンビです。彼らの話はとても切れ味が良くて、テンポも早いものでした。しかし、しばらくすると解散してしまいました。解散には諸事情もあったのでしょうが、テンポが早すぎてみんながついて来られなかったということも一因としてあったと思います。あのお笑いブームのとき、あまりにも早口で本当はよくわからないのに、周りにつられて笑っていたという人もいたのではないでしょうか。お笑いブームという時代が人を笑わせていたとも言えるのです。

それから、私がテレビに出演していたときの話です。浦野光さんという方と一緒にやっていたのですが、この浦野さんは穏やかに静かに話しておられるのにもかかわらず、実にスピードが早かったのです。気をつけないとついていけなくなりましたが、内容はしっかりと頭に入るのです。そういう話し方もあるのかと認識を新たにしました。とても勉強になりました。

## 八、刺激性

刺激性というのは、ここでは相手の痛いところにさわることです。話が単調になっている場合、話に集中して聴いていただくためにあえて人の痛いところにさわるという話し方のコツです。それによって聴き手は反応せざるをえなくなります。そのような効果を得るために痛いところにさわるのはいいのですが、気をつけなければならないのは、えぐってはならない、ということです。それをやると聴いている方も反発してしまいます。

たとえば私の町では町内パトロールを行っているのですが、暗いところで車の中で二人が何かやっているのを注意する時、遠くのほうから「すいません、この辺は暗いから気をつけなさい」と言うと、「ありがとうございます」と大抵の人は言います。ところが同じケースであるのに、注意するたびに急発進されてひかれそうになる人がいます。調べてみると、その人はお巡りさんになったつもりなのですね。「きさまら何だ。何でこんなところにいるんだ。何時だと思ってんだ」とやってしまうのです。そうすると、男性からしてみれば女性の前で恥をかかされたというわけで、アクセル踏んで急発進してしまうのです。

電車の中で、小さな坊やが土足で座席に座っていたときに「坊や、靴脱がなきゃだめだよ、そこへ座るなら」と注意して、それで坊やが靴を脱いだら「いい子だね」と頭なでて褒めてやるのです。それは親がそばにいても同じです。痛いところへは必ずさわりますが、しかし、えぐってしまうのはよくありません。たとえば「坊や、靴は脱ぐんだよ。お母さん教えてくれないの？だめだねえ、何やってんだ」というような注意の仕方です。それでは相手をえぐってしまうのです。

これは法話においても同じです。痛いところにはさわっても、えぐってはいけません。その見極めさえつけば、お話の内容をより関心をもって聴いてくれるのです。

## 九、具体性

具体性をもって語ることはさらに大事です。ある授戒会でのことでした。戒師様のお話はとても内容がよいのですが、戒弟がみんな寝てしまうのです。内容は、われわれお坊さんにとっては仏教のお話としてとても深くてよいお話なのにもかかわらず、です。しかし続いて説戒師の中野東英老師がお話しすると、みなさん起きてにこにこして聞いています。これは、中野老師が仏教のお話をより具体的で身近な話題に展開させて、日常茶飯のことにも活かしていけるように話の内容を設定しているからなのです。

曹洞宗の布教は、模範的な説法を読ませるようなところがあります。ですから「模範説教」という書物がいろいろあります。しかし今はそういう時代ではありません。話して聞かせる「お話」でなければいけないのです。こうした模範テキストを読んで、さらにそこから抜けきれていないと、宗派の中だけでしか通用しないお話になってしまいます。

## 十、音楽性

お釈迦様の説法を聞いていると、音楽を聞いているようであったと伝えられています。そのように音楽を聞いているような発声を心がける必要があります。琴の名人で、宮城道雄さんという方がおいでになります。この人は八歳で失明しましたが、努力して箏曲家となり、代表作「春の海」はあまりにも有名です。その宮城さんは自著『音の世界に生きる』の中でこういうふうにおっしゃっています。

弁護士の声、お医者さんの声、坊さんの声、学校の先生の声、各々その生活の色が声音の中ににじみ出てくる。偉い人の声と普通の人の声とは響きが違う。やはり大将とか大臣とかいうような人の声は、どこか重みがある。

年齢もだが、その人の性格なども大抵声と一致しているもので、穏やかな人は穏やかな声を出す。ははあ、この人は神経衰弱に罹っているなとか、この人は頭脳のいい人だなというようなことも直ぐわかる。概して頭を使う人の声は濁るようである。それは心柄だとか不純だとかいうのでなく、つまり疲れの現れとでもいうべきもので、思索的な学者の講演に判りよいのが少なく、何か言語不明瞭なのが多いのがこの為ではないかと思う。

同じ人でも、何か心配事のある時、何か心境に変化のある時には、声が曇ってくるから表面いかに快活に話していても直ぐにそれとわかる。初めてのお客であっても、一言か二言きけば、この人は何の用事で来たか、いい話を持って来たのかそれとも悪い話を持って来たか、何か苦しいことをいいに来たかというようなことはよくわかるものである。また肥った人か痩せた人かの判断も、その声によって容易である。例えば高く優しくとも肥った人の声は、やはりどこかに力があるものだ。

恐ろしいことを言われる方ですね。よく「私は地声です」という人がいますが、それはうそです。やはり訓練しなければなりません。そのために毎朝のお経があるのですから。

## 十一、明るさ

明るさというのは話し手のもっている雰囲気のことです。やはり明るい雰囲気でお話しなければいけません。伊藤道海禅師は、どなたに会っても笑顔でいよう、笑顔でいようと思って努力なさっていました。それでもやっぱり笑顔になれないときもある。でもそれは心が笑顔になってないからだと、自分で努力するようにして、いつでも心から笑顔になれるようになったと、禅師の本にはそう書いてあります。伊藤禅師には実に愉快なエピソードがたくさん残されていますが、そういう明るい空気を持った方でした。

伊藤禅師が活躍されていた頃、岡部長景《ながかげ》という子爵がいました。岸和田藩の藩主家に生まれ、帝国大学卒業後、外交官となり昭和戦前期に貴族院議員として活躍した方で、文部大臣にもなった方です。その岡部長景さんが、あんまり伊藤禅師の評判がいいものだから訪ねて来たのです。そのときに岡部さんが書いた戯れ歌があります。

ドウカイと　訪ねて見れば　何もなし　ただ寒空に、春風の吹くこの歌は「道海」というお名前にかけた歌です。ドウカイ、ドウカイとみんなが言うから来てみたけども、ドウカイだからといって別にどうってことなかった。ただ、冬の寒い空に春風が吹いている。そんな意味ですが、実にいい歌ですね。それからこの歌には、「岡部」という作者名は付されておらず、「豆腐屋」と書いてあります。これは御壁《おかべ》が白くて平らなことから豆腐のことを「おかべ」という女房言葉に由来しています。すばらしいですね。そういうユーモアに満ちた明るさを、やはり持っていなければなりません。

## 十二、余韻

最後は、「余韻を残す」ということです。例えば仲間と一緒にお話を聞きに行って、あまりにも感銘を受けた場合、余韻を味わいたいと思って、みんなが電車で帰るのですが、自分だけちょっと用事があるようなふりして、あとから一人で静かに余韻に浸って帰る。これが余韻を味わうということです。

私の寺のある神奈川県西湘地域には県立高校が十くらいあるのですが、そのＰＴＡの人たちにお話しする機会がありました。ある高校のＰＴＡから招かれて行ってみたら、そのほかの高校のＰＴＡの人たちも、みんな聞きに来られていました。総会もあり、当初は落ち着かぬ雰囲気でしたが、お話の間、会場には笑いもあり、涙もあって話し手とも不思議な一体感がありました。いろいろなことをお話ししましたが、会場におられた方々の反応は一目でわかりました。

そのお話が終わったときに、どうだったでしょうか。みなさんでガヤガヤ話しながらは帰らなかったですね。そのときの感動、余韻を自分で味わって帰りたいからでしょう。それぞれが静かに帰っていかれました。お話をしてそのように余韻というものを残すようになれば、しめたものです。

# 第五章　表現の実際

## 一、会場における作法

### 伝統的な法話の作法

『曹洞宗行持規範』の臨時行事の中、法益作法の第二に「説教道場法」が説明されています。

その説明によりますと、説教を行うには、あらかじめ仏前に香華灯燭を備え、法堂、大間の東側の露柱（丸柱）の前に椅子を置き、卓子には、打敷を掛け、燭（向かって右）、華（向かって左）、洒水器、戒尺を用意します。

まず随喜の大衆が殿鐘三会で普同三拝、著坐して般若心経を読誦し、維那は仏名を挙して一同唱和して礼仏します。その間に、堂行が説教師を拝請に赴き、堂行、説教師、侍者、侍香の順序にて上殿し、この時維那が礼仏を止めて開経偈を挙し一同唱和します。

説教師は入堂し、上香、展具三拝の後、椅子につき、戒尺を二声します。すると堂行が開経偈の唱和を止め、説教師は戒尺を二声して懺悔文を唱えます。

しかし、この方式は現在一般の寺院における法話では行われておりませんし、宗門の方々でもこうした方法があることすら知らないのではないでしょうか。実際には布教師の見識でさまざまな方法で行われています。

そこで、以下において現在の法話の仕方を具体的に説明したいと思います。

## 控え室

控え室はできるだけ一人になるようにします。お話の直前の控え室では、これからお話をどのように進行させていくか、心の中で確認していきます。ですから控え室にはできれば机・テーブルなどを置いていただき、お話の組み立てに集中できる時間を確保する必要があります。もちろん講演会主催者や親しい友人などが挨拶に来られるのですが、その場合も簡単に挨拶をすませ、お話が終わったらじっくりお話するようにします。

それから控え室では時間の余裕がある限り十分から二十分程度の静座をしてすごす方がよいでしょう。

私はあるときタクシーの運転手さんに「どんなときに事故を起こすのですか」と訊ねたこと

があります。すると、家を出るときの出がけの奥さんとの口げんかが一番いけないのだそうです。家を出るとき、昨日の帰りが遅かったとか、また飲むんじゃないかとか、そんな些細なことでけんかした後、イライラして営業車を走らせていると「あんな女房のために俺がなぜ働かなきゃいけないんだ」などと思って、危ない運転になってしまうそうです。これは誰しも経験することではないでしょうか。

お話の直前では、多少の緊張感の中で心静かに過ごすと、これがよいお話につながってくるのです。十分なり二十分なりの静座はけっして無駄な時間ではないのです。

## 入場と礼拝

お話の会場に入るときはゆったりと厳かな雰囲気を保ちつつ歩いていきます。コツは、腰は重く、足は軽くということです。これは意識的に訓練する必要があります。腰は重く、足は軽くです。

身業説法ということについて第一章でも触れましたが、これは一言も語らずとも自分の後ろ姿で皆さんを導くということです。特にお寺の法堂でお話しする場合は、演壇のところに行くまでは、まさに身業説法として静かに進みます。中野東英老師は「南無釈迦牟尼仏」とお唱えしながら本堂へ入堂するとおっしゃっていましたが、これも身業説法であります。

演壇に向かう前に、講師紹介がありますが、紹介する人は、向こう側で紹介している場合が多いようです。紹介をされているとき、講師は聴衆を見るのではありません。聴衆はこちらを向いていますので、紹介を受けているからといって聴衆の方を見てしまうと、あちらもこちらもとなってキョロキョロしてしまいます。それはあまりよくないことですから、紹介されている間は演台の方を見てればいいのです。

それから私が法話指導でうるさく言うのは、自己紹介のときに横目を使うなということです。若手の人たちを見ていますと、横目で自己紹介しています。これは本当に嫌な目になります。目だけで人を見てはいけません。顔を向けましょう。そして慣れてきたら、顔だけではなく、体全部を動かして自己紹介をする必要があるのです。

なお会場によってはステージ上の演壇で話す場合、階段を上っていくときがあります。その場合どちらの足から昇ったらば、一番上で聴衆の方へ体が開くかということも大切です。なぜなら、そうすることによって聴衆の方に背中を向けていないことになるのです。

日曜日に『笑点』というテレビ番組がありますが、あの『笑点』で大喜利に登場するメンバーはみんな向かって右手から出て来ますが、全部右足から出てきます。そして出てくる瞬間は上半身を客席側に傾けてにこやかに登場します。左足からは絶対出て来ません。何気なしに、にこにこしているようで必ずそうしているのです。最後に登場する桂歌丸師匠も同じです。右手からすまして登場して途中で上半身をちょっと客席側に向けてお辞儀して左手にぱっと座っています。それがプロなのです。

また寺院における法話は本尊様の前で行うことが多いので、礼拝をする場合があります。その場合、一番丁寧な作法は前三拝後三拝です。お話の前に三拝、終わって三拝します。しかし聴き手の方は皆さんお話を待っておられます。そこで三拝せずに、前一拝後三拝をなさる方もある。逆にまだ聴衆が騒がしくて落ち着いてないときは、前三拝をゆっくり行い、皆さんが静かになった頃、お話を始めて、話を終えると一拝する、すなわち前三拝後一拝なさる方もあります。それから前一拝後一拝の方もあります。

中にはお話を終わってから、「あなた方はお釈迦様ですから」と言って、聴衆に向かって三拝する人がいらっしゃいます。今まで私は二人知っています。そういう方もあります。特にお寺での法話における礼拝の作法は、その場の状況に応じてやればよいのです。

## 姿勢と動作

肩は人間の姿勢のポイントです。「この前誰々に会ったら肩をがっくり落として歩いていたぞ」などといった言い方をよくします。肩というのは内面を象徴的に示す部分なのです。タイの踊りを見たことがありますが、やはり肩が下がらないようにしていました。肩にはその人の気品が全部反映するのです。肩を落とさず、ぴしっとした姿勢でなければなりません。

歌舞伎で「並び大名」という言葉があります。歌舞伎で大名の衣装をしてただ並んでいるだけの役のことです。これは人数に加わっているだけであまり重要ではない配役の人のことです。ところが『曽我の対面』という演目で並び大名をつとめた中村仲蔵だけは、座っているだけで肩の張ったりっぱなお殿様に見え、七代市川團十郎から認められて出世していったそうです。

ずらーっとただ並んでいる中で中村仲蔵だけが立派に見えたのは、実は仲蔵が演技を終えた後、衣紋をきちんとたたんでいたので、仲蔵の裃だけがぴしっとしていたからなのです。他の者は並び大名のような端役だからといって、演目が終わると脱ぎ捨てて楽屋の者にまかせていたそうですが、仲蔵だけはきちんとたたんでいたのです。そしてこの仲蔵の心がけが市川團十郎の目にとまり大変褒められ、後の仲蔵の出世につながっていったのです。そんな逸話が残っているのですが、それほど肩は見栄えに関係するのです。

それからお話の最中、足は半開きがよいでしょう。これは下半身を安定させるためです。動作の基本は上半身を動かし下半身はどっしりと構えるスタイルがよいでしょう。上半身は正面と左右の聴衆に向かってお話をします。「私はそう思うのですが皆さんはいかがですか」と言いながら上半身を聴衆に向けていき、聴き手との繋がりを確認するように話すのです。下半身を動かすと下品に見えてしまいます。下半身は、あなたの人格と信念を代表するものといえます。ですから下半身は動かさない方がよいのです。

なお聴衆に対するお辞儀は、最敬礼の三分の一程度です。最敬礼は四十五度ですから、十五度の礼となります。

## 二、声（言葉）と話法の実際

法話は言葉を発声して伝え、聴き手は話し手の声を通してその内容を理解します。言葉は文字である限り本来の語義があるだけです。しかしそれが話し手の声に乗って届くとき、聴き手はその言葉の語義ばかりでなく、そこに深い印象、感動をもって受け止めるのです。たとえば何かに体ぶつけた人に対して、鼻先で「大丈夫?」と軽く言う場合と、声を振るわせながら振り絞るように「大丈夫か」と言うのとでは全然違って受け止められるのではないでしょうか。

言葉を発声することによって初めて体温をもつのです。

同じように法話も、いかにも内容も深く高尚な事柄をしゃべっていても、抑揚もまったくなく、冷たい声で語られたならば、味気ないものに感じます。法話は大学の講義とは違います。言葉に体温があるように、法話も生演奏（ライブ）である限り、そこには話し手の気持ちがのり、話し手の体温が感じられなければなりません。話し手の熱意が伝わり、話し手と聞き手が一体となるのが、法話の醍醐味ともいえましょう。そのためにも表現力をしっかり身につけなければならないのです。

そこで、声の発声の仕方について留意しなければならないことを次に述べます。

## 大小高低

お話するときには、まず声の大小高低をうまく使い分ける必要があります。例えば講談などで「そのとき武田信玄の軍勢二万、うぉーとばかり押し寄せた」というくだりを話すとき、棒読みのような調子ですと、二万の軍勢の迫力が伝わりません。言葉は二万でも、たった一人の軍勢の印象となります。どう表現するかといいますと、強く低くやると大勢の声になるのです。低く強く、「うおおーっ、とばかり押し寄せた」。さらに、長くするのです。

## 語尾

それから語尾にも気をつけます。語尾を強くするのは主に青年や男性の聴衆に対してです。たとえば、語尾をはっきりさせて、「われわれは｜、こんにちのような世相を見て｜、どのように判断していったらいいか｜」（｜部を強く）という話し方をします。お年寄りの場合には、そうではなくて「今日、私のような若い者が、あなた方のようなお年を召した方々にお話するというようなことは」、こう流れるような感じで、語尾を弱くする。そうすると聞いている方は、ああ、この人は私たちの気持ち、よくわかっているなと思ってくれるわけです。老人会へ行って、「われわれは｜、こんにち｜」とやると選挙演説になってしまいます。それでは聞いてくれません。ゆったりと、そして語尾を弱くして「顧みると、明治、大正、昭和、いろいろご苦労なさいましたな」というように話すのです。

語尾を弱くするのは女性が集まる会でのお話にも向いています。また子どもの場合は、今度は短く切ります。「先生、僕はお母さんと昨日、話したんだけど、学校へ来るときね。友達がいたずらしてさ」と子どもの話法がありますが、そういうことです。

女子高校でお話をして、「今日の阿部先生のお話は、本当に女子生徒たちにぴったりでした」

と言われても、そのお話の仕方では、男子高校ではうまく伝わらないのです。男子高校に行ったら、成功するのはイントネーションで語尾をはっきり言う方法です。自己紹介でも「山田太郎でございます」とさらさら言っても聞こえにくいのが、「山田太郎です」の最後の「す」をはっきり言うと、聞こえるのです。

## 明瞭な言葉

法話の時の声が普段の会話と同じ調子ですと、後ろの方の席にははっきりと聞こえません。普段話している相手は大抵一人ですし、家族・会社の同僚・近所のご婦人方の井戸端会議でも十人を越えることはないので、当然自分の地声でしゃべっています。しかし法話で話す場合には相手が数十名から数百人となるので、意識して明瞭で大きな声を出す必要があります。そのためには朝課をあげることがまず第一ですし、日々の朝課の成果として明瞭でよく通る声が出てくるのです。

大本山總持寺での寒行は、私にとってよい声の訓練となりました。声がとてもよくなり、それが自然と身についたのです。現在の總持寺では寒行は日中修行されていますが、私の修行時代には真っ暗になった夜七時から行っていました。国道一号線の向こう側とこちら側と両方で進むのですが、あまりに寒いものですから「かんじーざいぼーさつ」とみんな怒鳴るように声を張り上げます。しかしそうした怒鳴り声ではこちら側には音としては聞こえません。怒鳴っているらしい声は聞こえても何を言っているのかまったくわかりません。そうしていると、どうすればあちら側に明瞭に聞こえるような通る声が出るのか、自然と意識できるものです。寒行にはそうした尊い功徳がありました。また声を出して練習するのに墓地はとてもよい場所でした。

ところで、声を出す職業であるアナウンサーたちの場合には、早口言葉をよくやっています。たとえば「赤い巻紙。黄色い巻紙。青い巻紙。赤巻紙黄巻紙青巻紙」などと、日頃訓練していま す。また「あいうえお」で、「あえいうえおあお」というのがあります。「かけきくけこかこ」などと続けます。

それを自分で練習していると、自然に滑舌がよくなり明瞭な言葉が出て来ます。

こうした早口言葉は英語やドイツ語でもあります。そういう外国のものも練習に取り入れてもよいでしょう。私がよくやっているのは次のようなものです。

Peter Piper Picked a Peck of Pickles Peppers where's the Peter Piper Picked Pickles

また私は歌が好きなので英語の歌を使って練習しています。とりわけとても練習になるのが「草競馬」です。

De Camp town ladies sing dis song Doo-dah! Doo-dah!
De Camp town racetrack five miles long Oh! Doo-dah day!
De blind hoss stricken in a big mud hole Doo-dah! Doo-dah!
Can't touch bottom wide a ten foot pole Oh! Doo-dah day!
Gwynne to run all night! Gwynne to run all day!
I'll bet my money on de bob-tail nag somebody bet on de bay!

テレビに出演していた時、局のトイレに行くと、タレントたちがそこで大きな声で発声練習をしていました。番組中でいい声で話していましたが、画面には映らないところで彼らも努力をしていたということに気づきました。タレントというとよく不摂生な生活をしているような先入観があったのですが、やはりタレントとしてのプロ意識があるからこそ、人知れず努力していたのです。

　スタジオではミキサーという音量調整をする係の人がいます。そのおかげで歌手の歌声もバランスよく聞こえてきます。藤山一郎先生の場合、ちゃんと声量があるので、マイクを遠く離していても歌い出すと窓ガラスがビビビッと鳴るのです。最近マイクに口を近づけたり、口をつけたりするような歌い方をしている人が多く見られますが、どうも好きにはなれません。

## 声の響かせ方

　お経は鼻へ通しますが、法話でお話しするときは、鼻へ通しません。今はみなさんカラオケがあってお坊さん達も歌がうまくなりましたが、昔は坊さんたちで歌を歌うと、みんなお経になっていました。鼻に通して発声する癖がぬけなかったからです。

　また、口腔つまり口の中へ響かせないようにします。謡をやる人は、口腔へ響かせます。これは言葉で説明するのは難しいのですが、声をそのままストレートに発さずに、口にこもる一種独特の調子です。たとえば能楽や歌舞伎を鑑賞していると、後ろで声を出している人が何を言っているのか、耳だけではなかなかわかりません。確かに昔の言葉だからわからないということもありますが、配布された資料で文字を確認しますと、意外とわかりやすい言葉であったりします。そこで初めて声を口腔に響かせる、あの独特のこもった発声が実はわかりにくくさせていた一因であったことがわかります。この発声は日本の伝統文化の結晶として伝えられたものであり、それは格調高さを醸し出します。言葉を重々しく荘厳な音として伝承してきたのですが、逆にそれに慣れていない現代人にとってわかりづらいというところがあります。お坊さんでも回向のときに、このように口腔に響かせてなさる方もおられ、一般の人がそれを聞いて、うまいお経だと言われることがありますが、謡の発声と回向のときの発声は異なることに注意しなければいけません。できたら口腔に響かせない方がよいのです。

## 方言にも意を用いる

方言はだれしも持っています。ふるさとのなまりは自分のアイデンティティとして大切な心のよりどころであるとも言えましょう。

曹洞宗の特派布教師は各地でお話をする機会が多いのですが、このように遠方に呼ばれてお話するときに特に注意しなければならないのは、自分の出身地方の言葉づかいです。九州では「先生」を「しぇんしぇ」と発音する人もいるように、九州の人には九州の、東北の人には東北の独特のイントネーションや発音があります。さらに九州であれば熊本と鹿児島、関西ならば大阪と奈良といったお隣同士でもだいぶ違います。

関東は言葉がきつく、他の地方に行くとけんかを売っているように受け止められることもあります。関西地方に出かけたとき、電車の停車時間が五分ほどあったので、ホームのキヨスクに駆け寄って、急いで「これとこれとこれ」と言うと、売っている女の子がぽかんとして見ていたので「何だ、けんか売られてるみたいか」と訊くと、「はい」と答えていました。どうしていいかわからなかったのでしょう。逆に関西の人は、気をつけないとお笑いのように受け取られることもあります。また関西の人に「ばかだ」と言うと、とても不愉快に感じられるようですが、「あほやな」と言うと、それほど強く感じないということです。逆に関東の人は「あほやな」といわれると気分がよくありません。そういう地方による言葉遣いの違いにも配慮しなければなりません。

## 無駄な言葉を避ける

私たちは普通に話をしていても無駄な言葉を知らず知らずに使っています。それぞれの癖ともいうべきもので、自分でほとんど気がつかないのです。たとえば「要するに」という言葉を頻繁に用いる人がいます。「要するにこの問題はですね」、「要するにそういうことはしちゃいけないのです」「ということは、要するにこういうことをやるべきなのです」といった具合です。「要するに」というのは、話し手の言いたいことの要点を端的に示すことですから、この言葉自体に問題があるのではありません。聞いている人に対して話を明確にするという配慮の気持ちから発する言葉なのでしょうが、話癖のようになって多用すると、「要するに」が本来の「要するに」でなくなってしまい、かえって耳障りになり、聴き手の理解を妨げてしまうのです。

末尾に「ね」をつける癖の人もいます。「こうですね」「こういうことなんですね」というように多くの人が無意識に使っています。この「ね」を付けることによってソフトな印象をもたすという効果はあるのですが、これもやたらと用いますと逆効果です。「ね」を多用している人の話を聞いていますと、そこには言葉の力がないという印象を抱きます。かつてとてもいい法話をされていた方が、年のせいか話に迫力がなくなってきて、「ね」が非常に多くなって行きました。つまり「ね」を添えて念を押さなきゃいけないということは、自分の言葉の力が弱くなった証拠ともいえるのです。こうした語尾ひとつについても、そういう背景があるということを知って、普段から気をつけなければなりません。

この他、無駄なことばはいくつもあります。よく見受けられるのが、「えーと」という言葉です。ある人と話していていろいろお尋ねしていると、「えーと」「えーと」が気になってしかたないので、「えーとは、だめ」と言いますと、「はい、わかりました。えーと」という具合なのです。この言葉は、公式のスピーチで使うならば品格を損ねますし、目上の人の前でこうした言い方をすると大変失礼になります。

「結局」の人も多くいます。「この問題は結局、こういうことはですね」「結局、われわれ坊さんとしては」というようになんでも「結局」を枕詞のようにして話す人がいます。それから「やはり」を多用する人も多く見かけます。テレビの野球の解説がそうです。「やはり今日調子がよさそうですね」「やはりここは代打じゃないですか」といったように「やはり」が口癖になっています。こうした言葉はそれ自体に意味があるのではなくて、話の中で息継ぎのようにして使われています。話し手は意識していないのですが、聞いている方にはそれが邪魔になって聞こえてくるのです。

さらに、言葉そのものが聞きづらいということがあります。たとえば「すごく」という言葉です。「すごく」というのは、「とても」、「たいへん」という言葉と同じように用いられますが、元来は「すごし」という「恐怖感を抱かせるほど荒涼としたさま」という意味を示す言葉です。つまり「ぞっとするほど恐ろしい」というマイナスのイメージで使われていた言葉が転じて用いられていたのです。実はこのような物事の程度を表すことばは、いわゆる流行語のように変遷します。「モーレツ」、「超」、「めっちゃ」、などがそのよい例でしょう。こうした言葉は日本語のなかでも寿命が短く、時代の変遷とともに新しいものにとってかわられる傾向があります。「超」や「めっちゃ」もおそらく何十年かすると消えていくのかもしれません。この「すごい」という言葉もそういう傾向を反映した言葉なのです。「味はいかがですか」と聞かれて「すごくおいしいです」と言ったり、「すごく感心する」などと言ったりするのは、本当はあまりよい言い方ではないのです。

現在若者が平気で使っている「やばい」という言葉も気をつけて下さい。もともと盗人やヤクザの隠語で「具合悪いさま」を意味する言葉だからです。この言葉は囚人や看守を「やば」と呼んだことを語源とするとか「夜這い」から来たなど諸説あります。この言葉がよく使われるようになったのは一九八〇年代に若者が「格好悪い」という悪い意味での言葉でよく使われていましたが、九〇年代に入ると「すごい」という意味が加わり、現在は若者がとてもいい評価をするときに「やばい」「やばい」と言っています。これは美しい表現ではありませんし、特に中高年の世代にとっては違和感を覚える言葉です。

それから、よくお坊さんの挨拶で「浅学非才」という言葉が使われます。何かの役目を引き受けた時の挨拶に「元より浅学非才の身」と言うのですが、「ではやらないのか」と言うと、そうではなくて、「任にあたって他に譲り難し」などと調子がいいのです。これは宗侶特有の謙遜の文化であるといえますが、こうした謙遜は時に一般の人たちにとって違和感を覚えるものなのです。

よくお坊さんのお話の最後に「これで終わりにいたします」と言えばいいのに、「つまらん話をしまして」とおっしゃる方もいます。自分は謙遜のつもりなのですが、それなら今までの一時間の話は全部つまらない話だったのかと不快に思う人も中には確かにいるのです。

かってテレビに出演していた頃こんな経験がありました。テレビでは出演者に対するスタッフからの指示は画面に映らないように画用紙を使います。その画用紙に「あと二分」と書いてあって、それを見て、こちちはピタッと話の終わりを時間に合わせて話していくのですが、その話を終えた途端に「次の人が来ないから、あと五分延ばしてください」という指示でした。とっさのことで困ってしまいましたが、それでもなんとか話を継いで最後に「今日は少し堅いお話をしまして」とやったのです。

するとあとで小学校の先生からご意見をいただきました。「それは和尚の言う言葉ではないでしょう。堅い話かどうかは聞いている方が判断することですから」といわれました。それからプロデューサーからも、「和尚、あの言葉はよくないですよ」というので「どうして」と訊くと

「臭いですよ」と言うのです。話した後に「今日は少し堅い話を」とやると、それに違和感を覚えるというのです。そういうことをマスメディアの人たちの眼を通して気づきました。お坊さん同士のお話ならともかく、一般の人へお話しする場合「今日はつまらん話をしまして」とか「どうも、私のような若手の者が準備不足で」といったことを言うべきではないのです。

昔のことになりますが、幕末から明治にかけて成島《なるしま》柳北《りゅうほく》という大変な文化人がいました。この人は徳川将軍家の侍講を勤め、明治に入ると安田善次郎（安田財閥を築いた）と共に日本最初の生命保険会社（現在は明治安田生命）を設立したり、『朝野新聞』を創刊したりしています。当時、明治政府に大いに意見したジャーナリストの草分けでしたが、この柳北はとても顔が長く、いわゆる馬顔でした。ある日友人の福地《ふくち》桜痴《おうち》たちと隅田川の土手に馬に乗って花見に出かけ、春の隅田川を楽しんだのですが、馬上の柳北をしげしげと眺めた福地は「さてもさても世は逆さまと成りにけり　乗りたる人より馬は丸顔」と詠んだのです。世の中は徳川から薩長の時代へひっくり返ったのと、馬と人間の顔の長さがひっくり返ったことをかけたのでしょう。柳北は福沢諭吉とならんでその顔はよく知られていたので、この歌は当時の人たちにも大いに受け大笑いしたのです。

たとえばこんな逆転現象の話題を紹介して、みんなが笑った途端に「私より、皆さん方の方がお年寄りだし、人生に詳しいのですから、まさに乗った人より馬が丸顔になるかもしれませんが」と話していくとよいのです。もちろん現在ではこうした話は少しレベルの高い人たちにしか使えませんが、大事なことは「つまらん話をしまして」とか「不出来な私ですが」とか、自らを卑下した「臭い」言い回しはやめて、みんなをにこにこ笑わせておいて、さりげなく謙遜するのがよいのです。

以上のように、お話をする場合、あまり意味のない無駄な言葉を使うのはできるだけ避けるべきなのです。

## 聴衆の人数による話し方の使い分け

聴衆が多い場合、投げかけるように、ゆったりとしゃべればよいでしょう。一番向こうまで届いたなと思ったら、次をまた話すというような感じでお話しするのです。お坊さんの中には、弁舌爽やかにしゃべる方もよくおられますが、のべつまくなしに話すとかえって聴く方が疲れてしまうのです。なぜかというと、その話し方には余韻がないからです。たとえば「……ということです」と言って、わずかでも間を取って、おちついた風情で「次に……」とやればよいのです。ところが間を取ることが怖いので、「……ということです次にこれは……」とつなげてしゃべるから、話の切れ目が見えず、聞く側は混乱してしまいます。お話において、「間」をとるというのが大変重要な技術です。「間」というのは単なる時間的余白ではありません。言葉の余韻を感じるとともに、次の話の流れに入っていくための必要な時間なのです。切れ目なく立て続けにしゃべるのは、かえって「間抜け」であるといえるのです。

一方聴き手が少ないときは、茶飲み話の口調でよいのです。近所のおばさんたちが集まったときのような調子で話すのです。毎年布教師の有志の方々が集まって私を囲む会を開いていただいているのですが、そんな時私は一人一人に語りかけるようにしながらお話をしていきます。聴いている方も自分に話しかけられていると思わせることが、人数の少ないお話の場合はとても大切なのです。

## 序破急

「序破急」というのは元来雅楽から出た概念で、能楽、連歌、など芸道論で伝統的に用いられてきました。これは芸能における演出上の三区分で、「序」は事なくすらすらと、「破」は変化に富ませ、「急」は短く軽快に演ずるといった意味なのですが、芸能の各分野においてさまざまな意味合いで用いられています。現在は脚本構成や文章構成などにおける三段構成を指す概念としてよく使われています。

布教師の中には法話は淡々と話せばいいといった人もおられますが、抑揚もなければ序破急もないとするならば、もうテープを流せばよいのです。法話とは一期一会の機会をいただいて、自分の信念を述べて、聴衆を説得するものです。二度と戻らぬこの機会に、こちらが全力を尽くしているからこそ、話の内容の構成と表現方法のポイントともいえる「序破急」ということが大切なのです。話をどう展開し、どう表現していくかということですが、内容によって早く話さなければならないときもあるし、ゆっくり話さなければならないときもあります。

たとえば「そのとき、お釈迦様お生まれになってね。七歩歩かれて、天と地を指さしました」という一文を序破急もなしに淡々と話しするならば、そこにはお釈迦様の具体的な動きが伝わりません。「そのときに、お釈迦様は七歩、歩かれて」というとき目で追うようにすると七歩になるのです。天と地をというときは天と地を普通は指さしてやりますが、それをあえて目でやるといいのです。「天と地を指さされて」といいながら目で天と地を指して表現するのです。そして「天上天下唯我独尊とおっしゃいました」といって、顔を動かさず、ゆっくりとかみしめるように話すと、これが信念として伝わるのです。

ところがこうした表現は子供達などには伝わりません。婦人会や老人会で話す場合でも重々しすぎることもあります。そういう場合は、天と地を指さして、「天上天下唯我独尊とおっしゃいました」ちょっと首を曲げると優しさが出ています。すると「いい話をいただきました」といった感想をもらうのですが、それは首を曲げたり視線を工夫しただけのことなのです。

序破急のコツを知るには、テレビやラジオの番組なども注意深く視たり聞いたりするとよいでしょう。例えば『笑点』の大喜利がよい例です。大喜利司会の桂歌丸さんは、落語家らしい調子よいテンポで語り、問題を出し、各メンバーが切れ味のあるうまい回答で応じて「うまいね、座布団一枚」とやっているのが「序」です。しかしそればかりですと座がだれてしまいます。大抵は真ん中に坐っている三遊亭円楽あたりがきれいに答えずに、歌丸自身を茶化す変化球を投げたり、林家木久扇あたりがボケて、みんながワーッと笑ったりします。そこに「破」が出てきます。それから小遊三のエッチな話や春風亭昇太の独身ネタが飛び出し、座布団運びの山田君をいじったり、林家たい平が座布団に飛び込んだりと勢いが出て来ます。これがいわば「急」といえるでしょう。『笑点』を視ていると、一定の決まり事を前提にしながらも、全体としての勢いを感じるのはこうした「序破急」が機能しているからなのです。もちろんメンバーたちは意識してやっているのではないでしょう。しかし伝統的話芸に培われてきた人たちがごく自然にやっているからこそ、大喜利が面白い味わいとなり、話に勢いが出て来るのです。それが『笑点』が五十年もの長きにわたって続いてきた秘訣なのではないでしょうか。

### しゃべる速さと原稿

法話の原稿が不十分であったり、できていなかったりすると、人は自然と早口になります。心に余裕が無く自信もないからでしょう。私も三十代の頃でしたが、広島の立派なお寺で二日間にわたって法話をしたことがあります。二時間分きちんとメモしたものを紙一枚作って、それを四枚用意したのです。二日間分のメモのつもりでした。それで壇へ登って、いつもの調子でお話したつもりなのですが、一時間半くらいたって、そろそろまとめかなと思って、時計見たら三十分しか経っていなかったのには驚きました。あと一時間半どうしようか胸がドキドキしてくるし、これはしまったと思いました。仕方がないので第二、第三、第四のメモの方から話をとってきて話してなんとか終わらせました。その後主催された方が「温泉へ御案内しましょう」とお勧めいただいたのですが、丁重にお断りして、その晩必死になって翌日の原稿をまとめました。そういう苦い経験があります。若い頃のことですが、自信がないとどうしても早口になってしまうということを、身をもって体験しました。

またある方は、かつて授戒会の説戒師を頼まれて、原稿を完成させて立派にそのお役目を果たしたのですが、それから二十年も経ってから再び説戒師を頼まれたので、その原稿で再びお話したのです。そうすると、説戒の予定時間四十分の半分もしないうちに終えてしまい、法会を司る直壇寮が大慌てになってしまったということがありました。せっかく原稿があっても頭にそれが入っていなければ、それもダメなのです。また実際に立ってお話しすると、原稿がよく見えないということもあります。ですから、しっかりした原稿を予め作成し、かつそれをしっかり頭に入れておくということがとても大切なのです。

## 感情表現を直接出さない

法話においては話し手自身が悲しいとか、おかしいとか言って、笑ったり泣いたりしてはいけません。講談、落語、歌舞伎などの日本の伝統芸能でも、強い感情表現をする場合、声を震わせて泣いたり、腹を抱えて大笑いする場面でも、役者や話し手自身が本当に涙にくれて嗚咽したり、自分で感情をコントロールできずに腹を抱えて笑うということはまずありません。泣き笑いの演技において彼らは芸としてきめ細かい配慮をしており、実に冷静なのです。

私もこれまでの法話でお話ししていても、けっして泣くことはありませんでした。また法話でなくとも私はつらいとき、本当は泣きたいのだけど、歯を食いしばり、ともかく我慢してきました。ただこの年になると、テレビを何気なしに見て、運動会でビリの子どもが歯を食いしばって駆けたりするのを視ていると、思わず涙が出てきてしまいます。これは仕方がないことですね。ただ法話という場面ではそういう自分の感情を直接出して聴衆に伝えるというのはあまりよくありません。感情的になって話しますと、上品さを欠いてしまうのです。やはり上品な話し方をすることが大切です。

ところで、感情的表現ではなくてジェスチャーを用いて立体的に表現することはむしろ積極的であってよいでしょう。「立体的」という言葉は、私が東京の宗門護持会でお話しした際、ある弁護士の方が私の法話を評しておっしゃった言葉です。

## 語彙力に応じて話す

日常会話の言葉で用いる言葉は年齢によって異なります。語彙、すなわちボキャブラリーが年齢とともに学校での学習やさまざまな経験を通じて増えていきます。日本では大体教養のある人は、二万語ぐらい使っているそうです。あまり教養がない人でも一万一千語を使うそうです。アメリカのスミスという人の研究によりますと、二歳程度の子供で二七〇ぐらいの言葉で話しているそうで、さらに日本の久保田博士によりますと、その二七〇語をベースにして一年増すごとに二七〇語ずつ言葉が増えていくそうです。

小学校一年生はどのくらいの言葉を知っているかというと、大体一二〇〇語から一七〇〇語ぐらいの言葉を知っている。それが半年ごとに二〇〇ずつぐらい増えます。そうすると、大人は日本人の場合、一万五千語ぐらい知っていることになります。小学生は一五〇〇語ぐらい知っていると思えばよいでしょう。したがって、もし子どもにお話しするという場合は、その語彙の中でお話をしなければなりません。難しい言葉を使っても通じないのです。お坊さんたちの話でよくあるのですが、一般の人たちへのお話でも「乳水和合」とか、難しい言葉を使いたがる傾向があります。お話しをする場合、相手の語彙力を意識して話す必要があるのです。

## 三、目の配り

### 視線の移動

昔から「目は口ほどにものを言い」と言いますが、お話をするとき、目は相手に対してさまざまなメッセージを知らず知らずに伝えているのです。またそういう目を通じてうまく自己表現ができる人もいれば、りっぱなことを言っても人とのつながりが不得意な人もいます。

話をするときは、視線がとても大切です。お話ししている相手は一人ではありません。目の前に正面・左右の大勢の人々に語りかけるとき、ずっと一つの方向を見続けているのであれば、それは失格です。大学の授業ではかつて前さえも見ずに、ずっと講義ノートに目を落としている大先生もおられましたが、少なくとも法話を話すときには論外であります。それではいくら面白い内容の話であっても、聞いている人は寝てしまいます。

しかし、だからといって右左正面の聴衆に対して目だけを動かして見つめるのもよくありません。話し手から見て左右に坐っている人たちから見れば、横目でじろっと見つめられることになり、非常に感じが悪い印象を抱かせます。

ある席でベテランの芸者さんの立ち振る舞いに感心したことがあります。そのベテランの芸者さんは「そうだと私思うんだけど、佐藤さん、どうかしら。そうそう高橋さんはお好きじゃないのよね。そうですよね。中村さん」と笑顔をふりまきながら、その場にいるお客のみんなを引き立てて座を盛り上げていました。ただ視線を投げかけるのではなく、左の佐藤さんを向いて話しかけ、ごく自然に転じて右側の高橋さんに向かって話しかけます。さらに正面にいる中村さんにも笑顔をふりまきながら念を押すように語りかけます。それがわざとらしくなく実に自然に視線の移動ができているのです。そうするとなんだかみんながもてた気分になるのです。

法話のときもこうした自然の視線の移動があると、聞いている方も自分に向けられて話をされているようで自然と話に集中しやすくなるのです。

まず慣れないうちは、視線を左から右へ順に移動していくとよいでしょう。たとえば、【図1】のように、①の左側から始め、②中央へ視線を移動し、最後に③の右手の方の人たち向かって視線だけでなく体も向けて話しかけるようにしていきます。

【図1】

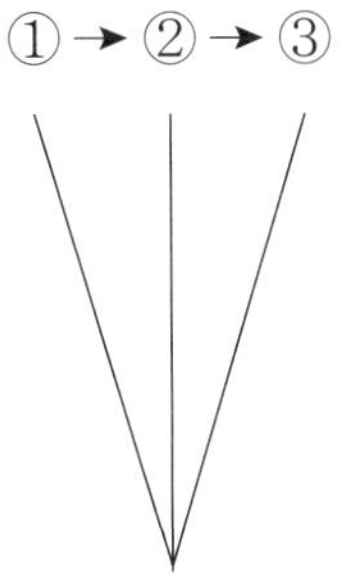


【図2】

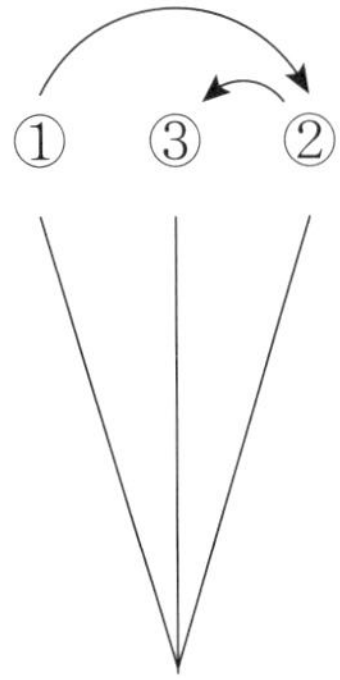


だんだん慣れてきますと【図2】のように、最初に①の左側の人に話かけた後で右に転じて②の方へ語りかけ、最後に正面③を見つめるという感じで視線を振りまいていくのです。

さらに大きな会場では二階席などがありますから【図3】のように、まず一階席の三方向に視線をめぐらした後、二階席中央④の方を見つめ、次に左奥の⑤を、続いて右奥の⑥に視線を投げかけて話していきます。

視線も左に右に、そして真ん中にゆったりと移動して話してみてください。すると聞いている皆さんは自分に話しかけられていると思ってしまうのです。ただしキョロキョロしてはいけません。

【図3】

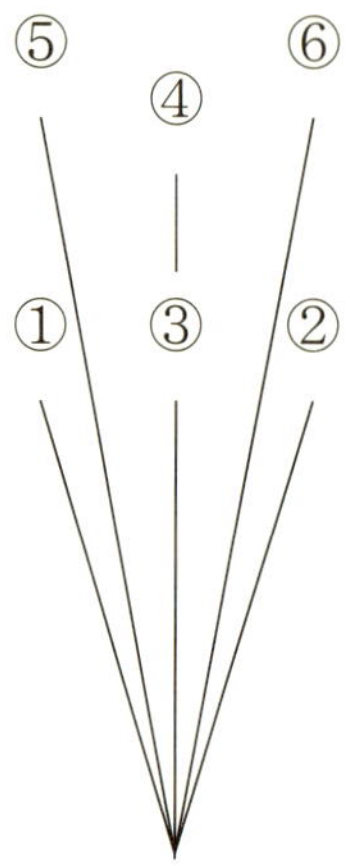


これは大勢の人たちの前で話すときのコツです。いつも正面を真っ直ぐ見つめるだけでは、多くの人は自分ではなくてよそ様に話しているのだという感覚をもたれてしまいます。そうするとお話に乗ってこないのです。

これは愛媛県に行ってお話ししたときのことです。会場は宇和島市の南予文化会館というすばらしいホールでした。二月の頃で、当日は四国でも大雪で大変な交通事情だったのですが、曹洞宗の各婦人会の方々がバスを仕立てて各地域から参集していました。四国でこんな雪とはと不思議に思ってうかがうと、北九州と山口県には高い山がなくて大陸からの季節風が石鎚山あたりの高い山にぶつかって雪を降らせるのだそうです。

とにかくそんな中でも会場は満席となり。寺族の方達は座るところがなくて、コンクリートのところに新聞紙を敷いて座っておられました。皆さん本当に熱心に聴いていただきました。そしてお話を無事終えたところ、知り合いの和尚がかけつけて、喜んで「阿部さん、よかったよ、よかったよ、こんな寒い中でみんな泣いてたぞ」といって帰っていきました。そしてなによりうれしかったのが、ある寺族さんからの一言でした。

「コンクリートに座って冷えて途中でトイレに行きたくて、立とうと思ったのですが、阿部先生がいつも見てくださるから、立てませんでした」

そうおっしゃっていただいたのです。もちろん私はそちらばかり見ていたわけではないのですが、広い会場の一階席から二階席まで右端から左端まで顔を向けて視線を投げかけて、それぞれの方向に語りかけるようにして意識してお話ししていたのです。それを聴いている側では自分をずっと見て話してくれたと受け止めていたことが確認できたのです。これは大勢の聴衆に対するお話の仕方として是非実践していただきたい方法です。

ただし目を使うといっても、横目はよくありません。前述いたしましたが、実際、横目でちらりと見られますと、あまりいい気持ちはしないはずです。横目は相手にとても失礼なのです。たとえば、もしご本山の禅師様に対してそういうことができるでしょうか。横目で相手を見たり話しかけたりするのは大変失礼なのです。

## 目による無形的・内面的表現

目は言葉よりも本心が出てしまうことがあるのです。いくら口で「怒っていないからね」と言っても目を見れば、怒りを抑えているだけで本心は許していないことはだれしも感じるのではないでしょうか。まさに目は口ほどにものを言うのです。そこで法話する場合、この目の動きを使って話の表現をより豊かにすることができ、話の内容をより深い感動をもって伝えることができるのです。

まず自分の決意や目的あるいは確信したことを表明するとき、道元禅師や瑩山禅師の話をしながらその厳格な家風や深遠なおさとしについてお話しするときは、視線をあちらこちらに移動させず、一点を見つめるようにするのです。たとえば瑩山禅師と峨山禅師の「両箇の月」の話をするときに「おまえは二個のお月様が見えるか」という時にキョロキョロして語るならば、その深遠さが失われてしまいます。また富士のような壮大で崇高な姿、まさに「動かざること山の如し」のような微動だにしない様を表現したりするときも同じように一点を見つめて話します。

次に悲哀を表現する場合ですが、たとえば師匠が亡くなったときに、「師匠にこんなことを言われました、あんなつらいことはありませんでした」という話をしているときは、下を向けばよいのです。

たとえばこれは私自身の実話としてお話しするときの事例を挙げましょう。かつて結制をやったとき、その配役会議の日の朝に、私の母が倒れてしまいました。意識不明だから会議にも出られません。そこである方が「阿部さんはお母様が倒れたので結制は無理でしょう。今日の会合は中止にしたらよかろう」と言われました。そこで私は「ありがとうございます。けれども仏様の行事として最重要のことをそういうことで中止はしたくはありません。必ずよくなると私は思っていますので決まった通りにやりましょう」と言い、無事円成することができました。

母はベッドの上に座って、参加してくれました。

たとえば法話においてそういう話を取り上げてお話しするとき、母に「ありがとう」と悲哀の気持ちが入るとき、下を向けるのです。恥ずかしいこと、いわゆる恥辱の場合のお話の段でも、やはり目を下に落として表現すればよいのです。

次に思案するときの表現ですが、何かしら考えるときは、中空の一点を見つめます。たとえば「結制をするのにうちの寺には客殿がありません。檀家の人は作らなければいけないと言うし、さあどうしましょうか」と語る場合、上のほうの一点を見るようにします。そうするとみんなも一緒になって考えるという感じになります。

ところで法話においては、不安と疑惑を感じさせる目をしてはいけません。あるときタクシーに乗った時でしたが、五十歳くらいの女性の運転手さんが「私は今の総理大臣を信用してません」と言うので、「どうして?」と訊ねますと「あの方は人の目を見て話したことがありません」と言っていました。ちょうどその頃の政権が不安定な時期でもあったのでしょう。私もそう感じました。自信がないから、そういう目をするのでしょう。なにか後ろめたいことや、不安、疑念などが心の中に潜んでいると、それは目に表れてしまうものなのです。話を聞いている聴衆は話し手の目を見ています。目をキョロキョロしたりすると、お話さえもちぐはぐに感じられるのです。

昔ある青年会主催でお話に行ったときのこと。私の前に数名の人がお話ししていました。その私の前の人は話をしても目が落ち着かないのです。そこで後から壇に立った私は「何でも話せというから話します」と言ってから「話をする人が、相手の目を見ない。それでいつも目がふらふら、これは自信がない、または自分がうそをついているということですから、そういう目はいけません」とやったところ、青年会の人たちに大受けしたことがあります。少しきつい言い方でした。うそをついているかどうかはともかく、少なくともそういう印象を抱かせるのはご本人にとってもマイナスですから、あえて言ったのです。

以上のことは、目が内面的なものを表現するということです。いわば目の無形的表現とも言えます。

## 目による有形的表現

これに対して具体的なものを目で表現するということもあります。いわば目による有形的表現です。その場合四つのポイントがあります。尺度、方向、狭隘、大小、深さ、高さです。

まず尺度ですが、たとえば話の台詞で、「キラリと抜いた九寸五分」と言っていかにも匕首《あいくち》をもっているように見つめ、池田屋に出陣する近藤勇がギラリと抜いて「今宵の虎徹は血に餓えている」といって三尺の刀を見上げるようにしてやるのです。その目の動かし方でいかにも切れ味のある匕首や刀を表現することができるのです。それをジェスチャーでやらなくてもよいのです。ジェスチャーをやるとかえって野暮になることもあります。

　次の方向はそのままその方角を見つめればよいですし、広い狭い、大きい小さいも目で表現できます。「先日、お寺にうかがいましたが。いやいや本堂の広いこと」といって左右に遠い目線で視線を投げかけますと大きな本堂になりますし、「やー富士山だなあ」といって視線を上方に向ければ高くもなりますし、箱根の山でしたらその下の目線で示します。

## 四、頭

　頭で布教するということがおわかりでしょうか。布教師というのは、そこまで神経を使うものです。具体的にいうと頭で強さ、弱さ、優しさ、悲しさを表すのです。強さを示すときは首を動かさないのです。話す相手に対して強い姿勢で話さなければならない場合、キョロキョロしてはいけません。「私はこう思います」と頭を動かさず確信をもってお話することで、その言葉に強さが表れます。頭を動かさないのです。

　しかし強さばかりでは一本調子で、お話そのものが押しつけのように感じられてしまうのです。弱さを出すことも必要です。そういう場合は、首をちょっと曲げるのです。

たとえばさきほどお話しした例で示すならば、頭を動かさずに「そのときにお釈迦様は、七歩歩かれて、天上天下唯我独尊とおっしゃいました」とやると強さが出ます。信念が表現されます。しかし聞いている人が子どもや老人会の場合には「天上天下唯我独尊とおっしゃいました」といって、ちょっと首を曲げます。すると優しさが出てきます。それから、この同じ言葉を下を向きながら言いますと、今度は悲しさが出てきます。そのように「頭」を使うことで、同じ言葉でも微妙な表現の差を醸し出すことができるのです。

## 五、手

手は後ろにしてはいけません。よく後ろに回している人がいますが、これは軍人の気をつけです。相手を見下した姿ですから、やってはいけません。それからポケットに入れないことです。これも相手をばかにした形ですからいけません。また、腕を前で組んでもいけません。これは相手に対して威圧感を与えるのでやってはいけません。

## 六、口

まず単に口を閉じたり、開けたりという動作一つでも実は微妙な意味表現方法となります。まず口を軽く閉じます。それは平常を意味します。口を強く閉じますと、厳しさや重厚さ、あるいは怒りや、痛み、あるいは熱さ、冷たさなどの平常でない状態が示されるのです。重厚さなどは全部強く閉じたときに出てきます。ノーベル平和賞を受賞した佐藤栄作元首相は口の両側に筋が入っていました。それは人の上に立つ人相と言われましたが、人相の問題はともかく、口がぴしっとしているからそう言われるのです。

それから口を開けると、優しさと、弱さと、阿呆さが出てきます。急に開くことは驚きを表します。びっくりする時口を開けて「わっ」と言いますが、子どもと話をするときは、そういうこともやればよいのです。

# 第二部　法話の具体的実践例

# Ⅰ、ことばの力

## 一、親言は親口より出ず

「親言は親口より出ず」は、『禅林類聚』（作者不詳）という本の中に書かれた言葉で、詳しく説明するまでもなく、本当によい言葉というものは、真心のある人の口から出るものである、という意味です。あいさつも同じで、真心をもって人に接すれば、だれに対しても自然にあいさつの言葉が出てくるでしょうし、言葉づかいもきれいになるのです。

## 二、子どもたちが「あいさつ」をしなくなった

京浜地区のある女子高校から、三年の全生徒に話をしてくれと頼まれたことがありました。私が電車に乗って、その女子高校のある駅に降り立ったときのことです。

電車は時間調整とかで、しばらく停車していました。授業を終えた一、二年生の女子高生た

ちが階段を降りてきました。停車している電車を見ると、

「まだ、間に合うわ」と言って、急いで階段を駆け降りました。ところが出発時間が来たのでしょう、電車は走り出してしまいました。乗りそこねた一人の女の子は、とても残念そうな顔をしました。もう一人の女の子は、

「どうして行っちゃったのさ！」

と電車に文句を言いました。そして電車を指さして、

「畜生！」

と叫びました。いやはやなんという言葉を使うのでしょうか。この子は、人の親になってからも、おもしろくないことがあると、きっと「畜生！」と言うでしょう。

また、京都のある小学校の父親学級に話を頼まれまして、その小学校に向かって歩いている途中のことです。私が歩いている土手の道の向こうから、姉弟と思われる、小学校三年生ぐらいの男の子が前で、その後ろから五年生ぐらいの女の子が自転車に乗って走ってきました。

「お姉ちゃん、人が来るよ」

と男の子が言っているのを聞きながら、私は道が狭いので近くまで来たら、どいてあげようと思って歩いて行きました。すると、お姉さんは、

「そのまま真っすぐ行きなさい」

と大きな声で言いました。そばまで来たのでよけながら、私が「おはよう」と言うと、男の子は申し訳なさそうな顔をして通って行きました。一方、女の子の方は、すまして通って行きました。通り過ぎてから、

「ね、大丈夫だったでしょ?」

と言う女の子の言葉が聞こえてきました。これには私も、ちょっとさみしい気がしたものです。

最近の子どもさんたちは、言葉が荒れているといいますか、言葉を知らないといいますか、あいさつの仕方やしつけが、まるでなっていません。このようなことは、珍しいことではなくなっております。

朝、小学生が一年生から六年生まで列をつくって学校に行く集団登校があります。私がお寺の前の道路を掃除しておりましたとき、集団登校の子どもたちが通りました。一人の男の子が、

「和尚さん、おはようございます」

と、あいさつしたので、私も、

「おはようございます、おりこうだね」

とあいさつしました。このあとが実におもしろいのです。その男の子が隣の男の子に、「おもしろいぞ、おれがやると、和尚さんもちゃんとやるぞ、おまえもやってみろよ」と言うではありませんか。私がちゃんとあいさつで応えたというわけです。

なぜ、この男の子は、このようなことを言ったのでしょう？

ほかの大人たちが子どもさんに向かって、あいさつを返さなくなったからですね。

子どもさんたちは、幼稚園や小学校に入ったとき、知っている人に会ったら、「おはよう」とか「こんにちは」を言いましょうと、必ず教えられているはずです。ところが、年齢が高くなるにつれて、あいさつをしなくなる子どもさんが増えてきます。

まだ小さかった私の子どもを連れてよそのお宅にうかがったとき、私の子どもには、きちんと挨拶をさせました。もししないときは、頭を押さえつけてもやらせました。するとなかには、子どもに強制的に教えるのは教育ではない、などと言う人が出てきます。しかし、子どもさんが小さいときは、しつけは、「おしつけ」でもよいと私は思っております。

お母さんに「ごあいさつをしたの」と言われると、そのお子さんがあいさつもしないのに、お客さまの大人の方が、そのお子さんをかばってか、「もう、したものね」などと、笑いながらうそをつくときがあります。うそをつくことを子どもに教えているのは大人です。

私たち大人たちが、具合の悪いときは適当に笑ってごまかしていれば世の中を渡って行ける、と子どもさんたちに教えているようなものです。

私は、相手が小さな子どもさんでも、ちゃんとあいさつをするようにしています。

「坊や、こんにちは」

子どもさんはびっくりしたり、おもしろがったりして、あいさつをしてくれます。

「もう一回、やろうか、こんにちは」

子どもさんは、喜んで何度でもやろうとします。すると、たいがいのお母さんは、

「もういいの、一回でいいのよ」

と止めるのです。しかし、お子さんは、自分がきちんとあいさつをすれば、相手の方も、ちゃんと応えてくれることを知るのです。これが、しつけというものでしょう。

子どもさんたちが、あいさつをしなくなった、荒れた言葉を使うようになった、と嘆くまえに、だれがこのようにしたのかを考えてください。それは、私たち大人なのではないでしょうか。

## 三、大人も「あいさつ」しなくなった

日本で一、二を争う自動車メーカーの研修会に呼ばれたときのことです。集まっておられた方々は、会社を背負っている役付きの方たちでした。私は話を終えたあと、朝、何時に家を出られますか、と尋ねてみました。

六時か、六時半に家を出るという方が結構おられました。そして課長クラスの方たちは、夜十二時前に家に帰ることは少ないと言うのです。そこで、私は次のような質問をしてみました。

「あなた方は、朝早くから夜遅くまで、世のため、人のため、自分のため、家族のため、そして会社のために一生懸命働いておられます。そのあなたが朝起きたとき、奥さまが、愛情と励ましの意味をこめて、お父さん、おはようございます、と言ってくれる人は手を挙げてみてください」

そのとき会場には二〇〇人ぐらいいましたが、誰も手を挙げませんでした。私は驚いて聞き返しました。

「どなたも、いらっしゃらないのですか」

あちこちで、含み笑いが起きるだけでした。前列に座っている一人に尋ねますと、

「お恥ずかしいことです。ところが、どういうわけかボーナスの出る日の朝は、言います。そして、きょうのお帰りは何時ですか、晩酌は、お酒にします、それともビールにしますか、ネクタイ少し曲がっているわよ、といつも、そんなこと言ったことのない女房が言うのです。ぞーっとします」

会場に、どっと笑いが起きました。

なぜ、夫婦同志で「おはよう」を言わないのか、少し調べたことかあります。言わない理由として、子どもの前で照れくさい、恥ずかしい、なにもいまさら、言わなくてもわかっている、などいろいろありました。しかし、なにが恥ずかしいのでしょうか。このような親を見て育つ子どもさんが、あいさつをしなくなるのは、当然です。

大人があいさつをしなくなったのは、なにも日本だけではなさそうです。アメリカのシカゴでボーイズクラブの集会があって行きましたとき、私は、最近の日本人は、あいさつをしなくなったことをお話ししました。すると、日系二世の方が同じようなことを話されるのです。

実はシカゴでも、キスする、キスしないでもめている。私たちアメリカ人は、朝起きたとき、キスするのが朝のあいさつなのに、やれ形式だとか、なんだとかで、もめていると言うのです。

あいさつは、決して形式ではありません。形式と考えるから、しても、しなくてもよいことになってしまうのです。そこで私は、朝起きたら、まず誰に対しても「おはよう」とあいさつしましょうと説いて回っております。

お陰さまで、あいさつをする方が大分増えたように思います。

あいさつをしなくなったのと同時に、この頃のお子さんは名前を呼ばれて「はい」と返事をしないことに気づかれませんか。今のお子さんは、名前を呼ばれると「はい」と言わず「なぁに？」などと答えます。もしかすると、あなたも職場で名前を呼ばれて「何でしょうか」と答えていませんか。

「なあに」「何ですか」これではいけません。「はい」でなくてはいけません。机だって叩けば音がするでしょう。トントン。ほら、返事をしています。人間は口があります。声が出せます。返事ができるのです。できるのになぜしないのでしょう。例えば銀行の窓口を思い出して下さい。待っている方の名が呼ばれた時、「はい」と返事をする方は、ほとんどおられない。ただ黙って行くだけです。病院の待合室などもそうですね。看護婦さんに呼ばれても「はい」と返事をされる方は、ほとんどおられない。看護婦さんが（あら、いないのかしら……）とキョロキョロしていると、無言のままで、隣につっ立っている。

上司が「〇〇くん」と呼ぶ、「何ですか」部下が答える。「おい、何で返事をしないのかね」

と言うと、部下はキョトンとしている。「何ですか」というのが返事だと思っているのです。

こういう人は、どこか間違った育ち方をしたように思います。

これは、若い方だけではありません。ご家庭でお年寄りの看護をされている方も多いと思いますが、お年寄りは体がいうことを聞かなくなり、頭がどんどんボケてくると、特に体調の悪い日などは何度も目が覚めます。うちの母もそうでした。目が覚めた時、お年寄りはどんなことを思うのかと申しますと、

「私を残して皆どこかへ行ってしまったんじゃないか」

「もしかすると、私は死んでしまったんじゃないか」

そんな時お年寄りは、たいてい「おーい」と家族を呼ばれるそうです。

「はい」、もしくは「はい、居ますよ」という声が返ってくると安心してまたスヤスヤ眠ることができるのです。ところが、「何ですか」という声が返ってきた時、お年寄りは困ってしまいます。不自由な口で「今日は寂しいから、苦しいから傍にいて下さい」などと正直に言える方はほとんどいらっしゃいません。そのような時、たいがいのお年寄りは、無理に用事を作ります。

「おしっこ」

「お父さん、さっきしたばかりでしょ。出るはずがありませんよ」
「いいからオムツ替えてくれ！」
「お父さん、今のは紙オムツですから、いくらなさっても大丈夫、安心してなさって下さい」

という会話になってしまうようです。

でも本当はそうではないのです。お父さんは、オムツなどどうでもいい、あなたに傍にいてほしい。暖かい言葉をかけてほしい。手をさすってほしい。背中をなでてほしい。それだけなのです。

それが「はい」と「何ですか」の違いです。

少し前の新聞に、こんな歌が載っていました。石川県の高田さんの作品です。

用無きに　しきり名を呼ぶ老い姑の
　手を取りなずれば　しばしまどろむ

用などないんですよ。名を呼ぶ時は不安な時なのです。しきりに名を呼ぶ老いた姑の手を取って優しくさすってあげれば「ああ、そうかい。傍にいてくれたのかい」そう言って安心してまどろんでくれるのです。

自分のことで恐縮ですが、私の母の時もそうでした。

「おーい」

「はい、お母さん、ここに居ますよ」

「ああ、そうかい」

何度繰り返したことでしょう。具合の悪い日は、八分置きに、

「おーい」

「はい、お母さん、今日はずっとここに居ますから安心してゆっくり休んで下さい」

「ああ、そうかい」

一日中その繰り返しでした。

どうか、お年寄りが「おーい」と呼ばれた時は、「何ですか」ではなくて、「はい」と返事をして上げて下さい。

ここでもう一つ歌をご紹介しましょう。『現代学生百人一首』の中にある高校二年生の西村圭司君の歌です。

「行ってくる」　誰も答えぬ家の中　励ますように　ひとりつぶやく

これ、家庭といえますか。なんという索漠とした雰囲気なのでしょう。たぶんご両親は共働きで疲れていらっしゃるのでしょう。なぜ共働きしているのですか。「もちろん、我が子の教育ためです！」そうおっしゃるかもしれません。しかし、子供さんだって学校へ行きたくない日もあるでしょう。先生のこと、友達のこと、勉強のこと、体調のこと、悩みは色々あるのです。でも、頑張って行って来ようと自分に言い聞かせ、「行ってきます」と言っているのです。にもかかわらず、「行ってらっしゃい」という励ましの声はない。

「行ってくる」　誰も答えぬ家の中……。淋しいですね、こんな時、明るい大きな声で「行ってらっしゃい！」と家の中から応えが返ってきたらどんなに嬉しいでしょうか。お父さま、お母さまにお願いします。子供の教育やしつけは、朝、目が覚めた時の、「おはよう！」ですよ。朝晩のあいさつです。極めて簡単なことです。

お子さんの方からではなく、両親から率先して是非あいさつをして下さい。

## 四、愛語よく廻天の力あることを学すべきなり

思いやりのある言葉というものは、天をひっくり返すほどの力かある、と言ったのは道元禅師です。このことから言辞施とは愛語施であると言っても変わりありません。

北野元峰禅師が、生前、各地を回られたときのことです。東北のある刑務所の所長さんから、ぜひ囚人たちにお話をしてくださいと頼まれました。北野禅師は囚人が集まっている講堂に入ると、仏前に礼拝して演壇に立ち、囚人たちに向かって合掌し深く頭を垂れて拝みました。

「お前さんたちはみな仏さまじゃ。仏さまというものは、このような所に来るものではない。ただ因縁が悪うて、このような所で苦労されている。お気の毒じゃ、お気の毒じゃ」と言って涙を流され、あとはなにも言わず壇を降りられました。囚人たちはみな下向いて泣いたという、どんな法話よりも、その心のこもった生きた言葉に感動したのです。

言葉というものは、まことに大きな威力をもっているものです。それだけに使い方に心しなければなりません。今私たちの回りにはトゲのある言葉が氾濫しているように思います。そうであればあるほど、私たちは温かい思いやりのある言葉を施すよう努めなければなりません。

〝身施〟は、身だしなみをよくして他人に不快の念を与えないということから始まって、体で

できる施しをすること、たとえば目の不自由な人の手を引いてあげたり、重い荷物を持っている人に手助けしてあげるなど、人が困っているときの身施は、どんなに喜ばれることでしょう。

また、最近では、一人暮らしの老人のお手伝いをするボランティア活動や、地域の道路の清掃、川べりなどに散乱した空カン集めなど、すべて身施です。家庭の中でも身施は行えます。便所のスリッパを、後から使う人のために、きちんと揃えることでも身施です。

東ニ病気ノコドモアレバ
行ッテ看病シテヤリ
西ニツカレク母アレバ
行ッテソノ稲ノ束ヲ負イ
南ニ死ニソウナ人アレバ
行ッテコフガラナクテモイイトイイ
北ニケンカヤソショウアレバ
ツマラナイカラヤメロトイイ

これは宮沢賢治の有名な「雨ニモマケズ」の詩の一節ですが、身施をみごとに表現したものと言えましょう。

「心施」は心を施すことです。病気で寝ている親がいれば、早く治ってほしいと願うことです。また友人が会社を休めば、風邪でもひいたのかと心配することも心施です。困った人に対して心を痛めるのも同様です。しかし心施だけでなく、金品を施す財施も大切です。困った人びとのために歳末助けあい運動や赤い羽根運動、あるいは寄付やチャリティーなどの財施が必要です。心施だけでは十分ではありません。

「床座施」とは、たとえば乗物などで座席を譲り与えることです。シルバーシートは床座施の強要です。わざわざシルバーシートと明示しなくとも、お年寄りや体の不自由な人、乳飲み子をかかえたご婦人には、すすんで席を譲るのが床座施です。最近の子どもや若者は礼儀を知らないと責める前に、まず大人みずから範を示すことが大事です。

「房舎施」――お釈迦さまのおられる頃は、家もなく野宿する人びとが多かったので、これらの人びとに仮の宿を提供するのが房舎施でした。現在では、遠方から来た知人を自分の家に泊めてあげたり、お寄りなさいとご近所の人を家にあげてお茶などさしあげることなどが房舎施に当たります。

以上、無財の七施のほかに、私は「皮膚施」を加えたいと思います。「皮膚施」は、私がつくった言葉ですが、温かなふれあいが不足している今日、より大切ではないかと思います。小さなお子さんがよいことをしたら頭をなでてあげることも、お母さんが赤ちゃんを抱くことも皮膚施です。卒業式のとき、先生と生徒が握手するのも、病人の手を握ってあげることも同様です。外国語で言えばスキンシップということでしょう。いずれにしましても、あまねく施すことがお布施です。

## 五、「ありがとう」の一言が……

ある県の小学校の父母の方々に二度ほどお話をしに行きました。ところが、また来てくれというのです。ありがたいことですが、「すでに二度もおうかがいしておりますので、もう遠慮させていただきます。あなた方は、私の話したことを実行していただければよいのです。私も、そんなにお話しすることがあるわけでもありませんから……」

と言っても、なかなか承知してくれません。そこで私は念を押しました。

「いくらお話ししても、さっぱり実行してくださらないのでは、お話ししても意味がありません。本当に実行してくださいますか」

「実行いたします」

と、おっしゃるので、うかがうことにしました。二時間ほど「ありがとう」ということについてお話しいたしました。

お話を終え、役員の方々とお互いに挨拶を交わしたあと、お茶の支度がしてあるというので、ありがたくいただくことにしました。世話係の副会長さんは、ちょっと家に寄って、あとからすぐかけつけますということでした。ご本人は間もなく用意の席に来られました。実にいいお顔をしておられるので、

「なにか、よいことがおありでしたか」

と私は尋ねました。

その方がおっしゃるには、私は山梨から、いまの酒屋に養子に来ました。養子なものですから、女房にぺこぺこしていると言われたくない。息子が大学を出て家業を手伝ってくれているこの年になっても、家族に「おはよう」とか「ありがとう」を一度も言ったことがなかった。ところが、先ほど和尚さんの話を聞いたあとなので、いままで「ただいま」と一度も言ったことがない私としては、家の前まで来て足が止まってしまった。すると近所の人に「酒屋のおや

じさん、なんで、そんな所に立っているんだい?」と尋ねられたので、「なんでもないよ」と言ったあと、〈えい、くそ!〉と思って家の中に飛びこみざま、

「ただいま。留守中大変だったろう、ご苦労さん、ありがとうよ」

とひとくち女房に言った。はじめてのことだから女房もぽかんとしているし、店を手伝っている息子も驚いた顔をしていた。

そこで、きょう、阿部という和尚さんがきて話をした。話というのはこうこうだ。これからは、みんなで挨拶をしようと話した。いつもなら「出かけてくるよ」と言うと、「どうせ飲みに出かけるんでしょう」と言って、家族の者は不機嫌な顔をした。しかも「行ってらっしゃい」と言ってくれたことなど一度もなかった。

ところが、きょうは「お父さん、早く行きなさい」と、みんなで気持ちよく送り出してくれた。「ありがとう」を言うことが、こんなに素晴らしいことだとは知らなかった、というのです。

こんなこともありました。私の知っているおばあちゃんが九十歳で亡くなる前、まだ丈夫だった頃、おじいちゃんが亡くなってから、ときどきお寺に来てはお茶を飲んでいかれました。そのときの話は、必ずおじいちゃんの思い出話です。

うちのおじいちゃんは「ぼっこ」だった。ぼっことというのは田舎の言葉で頑固者ということ

です。ぼっこだったので何度別れようと思ったか知れない。だけど子どもがいるので、辛抱、辛抱でやってきた。ところが、おじいちゃんが亡くなる一か月ほど前のこと、私を呼んで、「おばあ、おまえと一緒になって、よかったや」と言ってくれた、というのです。

おばあちゃんは、おじいちゃんのこの一言が……といってはポロポロ涙を流していました。「ありがとう」「ありがたい」ということは、人間が生きていく上で、とても大切なことです。

宮城道雄さん（大正・昭和期の失明の筝曲家・「春の海」など数百を作曲）の言葉ですが、琴というものは、やたら、その辺にある桐の木を切って作れば、よい音色が出るというものではない。山高く水清らかで空気のよい所、できれば朝に夕にお寺の鐘の音が聞こえる所で育った桐の木を使うから、よい音色が出るのだ、とおっしゃいます。「おはよう」や「ありがとう」という言葉も同じです、心の中が思いやりや豊かな心に満ちていれば、自然に口に出てくるはずです。

# Ⅱ、思いやる心——家族の絆

## 一、『父母恩重経』の心

お釈迦さまがお説きになった『父母恩重経』というお経があります。この経題（お経の題目）が示す通り、父と母の恩の深さを説き、親を大切にするようさとされたお経です。しかしただ親孝行をせよということではありません。親の恩とはなにか、愛とはなにかを正しく学んで、親子のかかわりあいを改めて知るのが、今日いちばん大切だと思います。その意味からも、若い人だけでなく、いま父や母になられた方にまず学んでいただきたいお経です。

人のこの世に生まるるは、宿業《しゅくごう》を因とし、父母を縁とす。父にあらざれば生まれず。母にあらざれば育てられず。気を父の胤に受けて形を母の胎《はら》に托す。この因縁をもってのゆえに、悲母の子をおもうこと世間にたぐいあることなく、その恩、未形《みぎょう》に及べり。

世間では妊娠を愛の結晶と祝福しますが、仏教思想では「宿業」を因と受けとめます。「悲母」の「悲」は悲しみではなくうめきです。出産時だけではなく、生む苦しみです。母の子を思いとおしみは、胎中の「未形《みぎょう》」のときから始まります。未形とは、まだ人間の形になっていない状態を言います。

既に生まれて草上に堕つれば、父母の喜び限りなきこと、なお貧女の如意珠《にょいじゅ》を得たるがごとし。その子声を発すれば、母も初めてこの世に生まれ出でたるがごとし。

如意珠とは、願いが思いのままにかなえられるという宝玉で、最高の幸せを意味します。やがて赤ちゃんが生まれ、お父さんもお母さんも最高の幸せを感じます。また赤ちゃんの声を聞けば、お母さんは女性だけが知る喜びと誇りを体験し、この世に生まれてきてよかったと感じるのです。

それより、母の懐《ふところ》を寝処《ねどころ》となし、母の膝を遊び場となし、母の乳を食物となし、母の情けを生命《いのち》となす。飢えたるとき食をもとむるに母にあらざれば哺《くら》はず、寒きとき服《きもの》を加うるに母にあらざれば着ず、暑きとき衣《きもの》をとるに母にあらざれば脱がず。……父母の恩重きこと天の極まり無きが如《ごと》し。

子どもというものは、こうしてお母さんに育てられるのです。

稍《や》や成長して朋友と相交《あいまじ》はるに至れば、父は衣《きぬ》を索《もと》め帯を需《もと》め、母は髪をくしけずり、髻《もとどり》をなで、己《おの》が美好の衣服を皆な子に与え着せしめ、己れはすなわち古き衣、破れたる服をまとう。

お子さんが次第に成長してお友だちができるようになれば、お父さんは自分がいいものを着なくとも、子どもさんにはいい服を買ってくるでしょう。娘であれば、お母さんは髪の毛をすいてくれるでしょう。また、自分はいいものは着なくとも、お子さんにはいいものを着せ、自分は古い服を身につけても平気です。食べ物なら、自分は食べなくとも、お子さんにはおいしいものを食べさせるでしょう。このように育てられたお子さんが、やがて結婚します。お釈迦さまは、お子さんが結婚してからが問題であると言われます。

既に婦妻をもとめて他の女子を娶《めと》れば、父母をばうたた疎遠して夫婦は特に親近し、私房の中において妻と共に語らい楽しむ。父母年高けて、気老《きお》い力おとろえぬれば、依る所はただ子のみ、頼む所の者はただ嫁のみ。然るに夫婦共に朝《あした》より暮に至るまで、未だあえて一度も来り問わず。あるいは父は母を先立て、母は父を先立てて、独り空房を守り居るは、なお孤客の旅寓《りょぐう》に寄泊するが如く、常に恩愛の情なく、また談笑の娯《たのし》み無し。……幾度か転輾反側して独言いわく「ああ、われ何の宿罪ありてか、かかる不孝の子を有てる」と。

結婚した若夫婦が仲のよいのは大変よいことですが、年老いたご両親を疎遠にするようになります。年老いたご両親は気力が衰えてきますと、頼るところはお子さんしかありません。ところが若夫婦はご両親の所に顔を出して、「お父さん、おはようございます」とか、「お母さん、きょうのご気分はいかがですか」と、一度も声をかけなくなります。まだ、ご両親が揃っているときはいいのですが、どちらかが欠けると、老人は、まるでひとりぼっちで旅の宿で寝ているような気持です。そして寝つけないままに、なんの罪があって、私は、このような不孝な子をもつことになったのか、と嘆き悲しむことでしょう。

事ありて子を呼べば、目をいからして怒り罵る。婦も児もこれを見て、共に罵り共に辱しめば、頭を垂れて笑いを含む。婦もまた不孝、児もまた不順、夫婦和合して五逆罪をつくる。あるいはまた、急に事を弁ずることありて、疾く呼びて命ぜんとすれば、十たびよびて九たび違い、ついに来りて給仕せず、かえりて怒り罵りて云く「老いぼれて世に残るよりは早く死なんに如かず」と。父母これを聞いて怨念胸に塞がり……父母の恩重きこと天の極まり無きが如し。

息子夫婦のやり方を見かねて、息子を呼んで注意をすれば、逆に目をいからして怒ります。すると、これを見て、親に向かってそのようなことを言うものではありませんと、夫をたしなめるべき嫁が子どもと一緒になって、ひじつつき合わせて笑います。これは夫婦ともに五つの罪をつくっていることになります。

五つの罪とは「配偶者、父、母、祖父、祖母」の恩に背くことです。あるいはまた、なにか急ぎの用があって息子夫婦を呼ぶことがあります。そんなとき十ぺん呼んでも九度まで聞いてくれず、十ぺん目に来てくれても頼みを聞いてくれません。そのあげく「いい加減年をとったら、生きているより早く世を去った方が世のためだ」などと、悪たれ口をたたきます。それを聞いた老父母は、こんな子を生むのではなかった、生まれない方がよかった、育てるのではなかった、と悲しむでしょう。

このようにお釈迦さまが説かれると、弟子たちはみな感涙にむせびました。そして、このお経はなんと名づけましょうか、と弟子の阿難が尋ねると、お釈迦さまは、「この経は父母恩重経と名づくべし」と申されました。お釈迦さまが訓されたこれらのことは、いま多くのご家庭で起こっていることですが、お釈迦さまは、すでに二千五百年も前にお説きになっています。私は、お年寄りが亡くなられたとき、枕元でこの『父母恩重経』をご家族の方々に分かるようにゆっくりお唱えすることにしております。

## 二、子に謝る

私がまだ修行僧として京都で修行しているときの話です。ある儀式での集まりがあった最後の日の晩のことでした。お寺の位牌堂のあたりにあやしい人影があるという連絡がありました。

泥棒かもしれない、ということで見に行くと、酒に酔った一人の男が涙を流していましたので、泣いている訳を聞き出しました。

この男は三十歳を過ぎているのに働きもせず、毎日ブラブラして遊んでばかりいて嫁の来てもない与太者でした。お寺での法要を終えた晩、ご両親がお寺から帰ってくると、その服装のまま父親は、近所でも評判の与太息子に対して、「おまえ、そこに座ってくれ、ぜひ話したいことがある」と言いました。

「うるせえ、おれはこれからパチンコに行くんだ」

息子は、また説教でもされると思ったのでしょう。荒い言葉使いで反抗する息子をとにかく床の間に座らせ、ご両親は下座に座りました。

「おまえは、いままで人さまから指をさされるようなことばかりしてきた。私は、何回、おまえを殺して私も死のうと思ったかしれない。しかし、今日、お寺さんで法話をうかがって来た。私子どもが悪いのは、親が良くないのだと悟していただいた。よく考えてみるとその通りで、私が悪かった。三十過ぎのおまえをばか呼ばわりして、ちゃんとおまえの名前を呼んだことがなかった。私は、町一番の正直者だなどと言われることをいいことに、おまえを認めてやらなかった。おまえの辛さもわからずに、私はおまえに悪いことをしてしまった。いまさらなんだと思うだろうが、私を許してくれ」と、お父さんは涙ながらに白いものもまじった頭を深々とさげ、手をついて謝りました。

お母さんも、「お父さんがおまえを叱ったとき、私はそばでおまえを慰めなければならなかった、ごめんね」と言って泣いて謝りました。いつものようにまた叱られると思ってふてくされていたのに思いもかけず、涙と共に手をついてあやまる両親の姿を見てどうしてよいかわからず、そのまま家をとびだした息子はいつもの飲み屋へ行って酒を飲みました、飲みつづけました。いつの間にか彼の目から涙がとめどなくあふれ出ていました。ひとりで飲みながら考えているうちに、「いい年をして親に甘えていた。悪いのはおれの方だ」と気がつきました。とにかく、まず祖先にお詫びして立ち直ろうとお寺に来たところ、泥棒とまちがえられてとがめられたというわけでした。

知らせがいったのでしょう。そのうちにご両親が迎えに来られ、三人で抱きあって泣いていましたが、仏さまにお礼を申上げてからお互いに肩を寄せ合って帰っていきました。その後姿を、私たちはみんな、いつのまにか手を合わせて拝んでおりました。仏さまが、私たちに「懺《さん》悔《げ》」ということの尊さを心から教えてくれた、忘れられない出来ごとでした。

## 三、親が手本で子が育つ

お釈迦さまが悟りをひらかれたとき、お説きになったお経は『華厳経』です。この『華厳経』の中に「薫習」のお話がございます。

ある日、お釈迦さまが阿難という弟子と散歩されていました。すると地面に布切れみたいなものが落ちていました。

「阿難よ、それを拾って、匂いをかいでごらん」

「はい」

と言って、阿難は拾い上げ匂いをかぎました。

「大変よい香りがいたします」

「よい香りというものは、それに触れたものをよい香りで包み、人の心をなごませるものよ」

また、しばらく行くと、縄のきれはしのようなものが落ちていました。

「阿難よ、拾って匂いをかいでごらん」

阿難は、それを拾って匂いをかぐなり、

「とても、いやな香りがいたします」

「いやな香りというものは、それに触れた者まで、いやな香りで包み、人の心を貧しくさせてしまうでな」

「薫習」ということは、こういうことです。

人間の脳細胞は、成人で約一五〇億と言われております。この脳細胞は、赤ちゃん誕生から三歳頃までに大体出そろい、六、七歳頃までに脳細胞の組み合わせが出来上がると言われております。ですから、三歳頃までにちゃんとしつけなさい、というのは理にかなっているわけです。「三つ子の魂に百まで」とは、よく言ったものです。六〜七歳までに、その人の基本的な性格が形成されるようです。

この基本的な性格というものは、その子どもさんと一番接する時間の長い人、すなわち大抵の場合、お母さんの影響を受けて形づくられると言われております。これも、お釈迦さまのお説きになった「薫習」です。

では、よい香りで子どもさんを包むには、親が日頃からよい手本を示すことが一番です。たとえば、男の方で結婚しますと、奥さんを「おい」と呼ぶ人がおられます。すると三歳ぐらいの坊やも、お母さんに向かって「おい、おしっこ」。お母さんは、びっくりしますが、幼児に限らず子どもというのは、日頃の親を手本にして育ちます。

そこで私は、「青少年に示せよ親の常日頃」と書いた看板を百枚ぐらい作って、街中に立てたことがあります。

ある晩、あるご家庭のお父さんから、私に電話がかかってまいりました。

「和尚さん、いい加減にしてくれよ」

と言うのです。

「なんですか」

私もわけがわからないので問いただしました。

そのお父さんの話によりますと、お子さんたちが夜遅くまでテレビを見ているので、テレビばかり見ていないで勉強しろ、と追っ払った。追っ払ったあと、ご自分が寝ころんで野球番組を見た。するとお子さんたちが隣の部屋からお父さんに向かって「青少年に示せよ親の常日頃」と言ったそうです。疲れて帰ってきて、ひさしぶりにテレビでも見ようとしても横にもなれない、と言うのです。

これには私も大笑してしまいました。子どもは、親を実によく見ているものです。日頃から親は何事にも気をつけていただきたいと思います。

## 四、あなた以上に、あなたを思ってくれる人

知人の雑賀さんの所には、いま、いろいろな方が相談にやってくるそうです。その雑賀さんが、あるご婦人の話をしてくれました。

そのご婦人は隣町から山を越え、一人息子である屋根職人の家にお嫁に来ました。夫も夫のご両親もよい人で、田も畑も財産もある。とても幸せな日々を送っていました。ところが昔から、好事魔多し、と言われる通り、半年後にお姑さんが脳溢血で倒れ寝たきりになってしまいました。そのお嫁さんは看病しながら、畑仕事をしたり家事をして働きづめでした。そのうちお舅さんも倒れて、寝たきりの病人になってしまいました。不運というほかありませんが、悪いことは重なるもので、今度は夫が屋根から落ちて背骨を痛めて、これまた寝たきりの生活になってしまいました。三人の看病は、それはそれは大変でした。

そんなある日、夫に呼ばれました。なにごとかと行ってみると、

「私は、おまえを離婚してあげるから、実家に帰りなさい。そして、もっとよい所へお嫁に行って、自分の幸せをつかみなさい。父も母も、おまえのことを神さまか仏さまの生まれ代わりだと思っている。感謝こそすれ、決して恨んだりはしないから……」

夫にそう言われて、そのご婦人はどうしてよいかわからないということで相談に来たのです。そこで雑賀さんは、私の意見を聞きたいというのなら、たくさんお話ししたいこともありますが、お釈迦さまの教えを、というのであれば、お釈迦さまの教えは絶対に間違いはないので、そちらをまずお教えします。ただし、あとで自分の都合のよいところだけをいただく、というのでは困ります。どちらになさいますか、と尋ねますと、ご婦人は教えを守りますから、お釈迦さまの教えをお話しくださいとおっしゃいました。

雑賀さんは、お釈迦さまの教えを話されました。それは実に厳しい言葉でした。

ご婦人は、しばらく考えてから、では、いままで通りにいたします。ありがとうございました、と頭を下げて立ち上りました。雑賀さんは、ちょっと待ちなさい、と言って、

「あなたのお話の様子から、どうも、あなたは自分ばかり、こんなつらいめに、私ばかり、こんな苦しいめに、といったお気持ちが強いようですが、あなた以上に苦しみ、悲しんでいる人が、あなたのそばに必ずおられます。ただ、あなたの一番そばにいるので、あなたは気付かないだけです。それに早く気がつかれることです」

三年後、このご婦人が、また雑賀さんの所へ訪ねて来られました。

あれから、いままで通りにいたしました。そのうち夫の母が亡くなり、父もそのあとを追う

ようにして亡くなりました。夫も半年前になくなりました。みんな私に感謝してくれました。夫は亡くなる一か月ほど前に、きょうは気分がいいから起こしてくれと言いますので、柱に寄りかかるように座布団に座らせました。

「おれの前に座ってくれ」

と言いますから座りますと、夫は私に向かって手を合わせ拝むのです。

「なにをなさるんですか」と言いますと、

「いや、そのまま座っていてくれ。父も母も、どれほどお前に感謝して死んでいったことか。おれは縁あって、おまえの夫になった。おれくらいは、一応きちんと座って、おまえに礼を言いたかった。……これで、おれの気持ちが済んだ」と言って、間もなく息を引き取りました。

このご婦人の話を聞いて、雑賀さんは、それは大変よかったですね、と言いますと、ご婦人は、さらに話を続けました。

前にお話ししていただきました「あなたが苦しみ、また悩むときは、あなた以上に苦しみ、また悩み、あなたが喜ぶときは、あなた以上に喜んでくれる人が、あなたのそばにいる」というお言葉が、やっとわかりました。私の実家の母は早く亡くなりましたが、父は、いまも丈夫です。私が看病しているとき、毎日、峠を越えて来て、たんぼや畑の仕事を手伝ってくれました。私は、父がそうするのは当たり前だと思っていました。それだけではありません。父ではなく、母が生きていたら、どんなによかったか、何度思ったかわかりません。

昨年の秋、畑仕事を終えた父を峠まで送っていったときのことです。夕日がとてもきれいでした。

「お父さん、毎日ありがとう。お陰で畑もどうやら片づきました。これは、つまらないものだけど、お義姉さんや子どもたちにあげてね」と言うと、父は夕日の方を見たきり振り向きもしないで、

「おまえも、三人の方が待っているのだから、早く帰ってあげなさい」

と言います。夕日を眺めている父の顔を見ると、父の目から涙が止めどなく流れ、夕日に光っていました。そのとき、私は、一番悲しみ、苦しみ、悩んでいるのは父だったのだ、と初めてわかりました。

ご婦人は、このことを話し終えると、本当にありがとうございました、と礼を言って帰られたそうです。

だれでも、うれしいこと、悲しいこと、苦しいことは、長い人生のうちには必ずあります。そのようなとき、あなた以上に悲しんだり、苦しんだり、また喜んでくれる人も、あなたのそ

ばに必ずおられます。あまりそばにいるので、あなたが気付かないだけのことです。

人間は、人生の上で出会った数々のことは、つらいことでも苦しいことでも、よけて通ってはいけない、というのが禅の教えであり、仏の教えです。自分で乗り越えず、よけて通ってしまえば、なにも得ることができません。

また困難に出会ったとき、あなたがよけてしまえば、その姿を見て育った子どもさんも、苦しいとき悲しいときに、あなたの真似をしてよけてしまうことでしょう。よけずに乗り越えていくからこそ、あなたの人生に豊かな広がりと深い味わいが生まれ、あなたの一生は光るのです。

全国に重度の障害者をかかえているご家庭はたくさんおられます。そのご家庭の苦労は並大抵のことではありません。そして残念なことに、ときどき障害のある子と親子心中をはかるいたましい事件などが報道され、人びとの心を痛めます。

関西のある地方都市に、やはり重度の障害のある子をもった家庭がございました。男の子、といっても十五歳で、目も見えず寝たきりで、食事も口に入れてあげなければ食べられません。下の子は、まだ二歳の女の子でした。あまりの大変さに心が迷ったのでしょう。お母さんはほかの男と家出し行方不明になってしまいました。残されたお父さんは大変です。ところがある日、そのお父さんも家を出て大騒ぎとなりました。自殺しようとしたのでしょう、二歳の子をつれて夜、河原をふらふらしているところを保護されました。

ある人の紹介で、再婚してくれる女性があらわれました。その女性は夫に先立たれ、小学四年の女の子を連れての再婚ですが、はじめ、まわりの人々は奇異の目で見ていましたが、障害者の子の面倒をよくみるので、たちまち賞賛の目に変わりました。よくしたもので、連れ子の女の子も、お母さんのお手伝いを一生懸命するよい子でした。

その女の子が障害のある子の細い腕をさすると、さすってあげたところだけが普通の人の腕のように太くなるのです。生命というのは全く不思議なものです。

ある日、その子の具合がたいへん悪くなりました。お医者さんも呼ばれましたが、もう駄目だろうと言うので、好物のジュースを後妻のご婦人が飲ませました。すると生まれてこのかた、うなるような声しか出せなかった子が、「うめえ、うめえ」と言ったのでした。お医者さんもはっきり聞きました。信じられない話です。

その子は、翌日亡くなりました。この最後の言葉は、おまえに対する心からのお礼だったのだ、本当によく面倒をみてくれた――とご主人は、妻に向かって手をついてお礼を言いました。わが子以上に骨身を惜しまず面倒をみた、その思いやりの心が、奇蹟ともいうべき不思議な力を生んだのです。

## 五、いま、日本の家庭は父親不在？

最近は、父親らしい父親が少なくなってきているのではないか、と思います。つまり自信を持って子どもと接することのできる父親が少ない、ということです。父親の多くは、朝早くから夜遅くまで仕事で忙しく、お子さんと顔を合わせる機会が少なくなっているからでしょうか。父親がいても母親の発言力の方が強く、父親の影が薄いということでしょうか。

私が、あるＰＴＡの役員をしている方のご家庭にうかがったとき、

「ご主人がおられたら、ごあいさつをしたいのですが……」

と申し上げると、その奥さんは、

「和尚さん、いいんですよ、うちの亭主なんか」

と言うのです。まるで父親の存在を無視しているわけです。

アメリカのある大学の、教育専門の助教授グループが研究発表した資料を見たことがありますが、その中に、父親がいないと同様の家庭からどのような子が育つか、という項目に、

・リーダーになれない子ども
・ひとりではなにもできない、また、なにも発言しない子ども
・反社会的な行動に走る子ども

などが書いてありました。

日本においても、いま、家庭で大切なのは父親の存在だと思います。社会環境ばかりのせいにするのではなく、父親がしっかりした考えをもって子どもに接することが、いま一番必要であり、大事なことではないでしょうか。父親の正しい信念と母親の深い愛情によって、子どもは育つのです。

しかし、なにもかも出来すぎの父親というのも、子どもには負担になります。たとえば、父親があまりにも優れているため、お子さんが「おれは、なにをやっても父親にはかなわない」と劣等感を持って、非行に走った例は少なくありません。

古い話ですが、武田信玄はあまりに立派な武将だったので、その子、勝頼は父に負けまいと精神的に悩んで、最後は無理な戦いをいどんで滅びてしまいました。また豊臣秀吉の子、秀頼は父のようになりたいと思うあまり、かえって逆の道を行ってしまいました。

そこで私は、立派な父親といえども、なにか一つや二つ、子どもさんに負けてあげることが

必要ではないかと思うのです。

## 六、主人公

その昔、中国逝江省丹丘の瑞巌寺に師彦《しげん》禅師という方がおられました。瑞巌禅師とも呼ばれています。この瑞巌禅師には有名な逸話があります。瑞巌禅師は、ひとり坐禅するとき、大声でひとりごとのように「主人公」と呼び、そして「はい」と自分で返事をするのです。また「目ざめていなさい」「はい」「だまされるなよ」「はい」などと常に自問自答して修行していたのです。

人はだれでも、主人公と呼ぶ一人と、それに答える一人が自分の中にいて、この二人の話し合いが多いほど、その人は心豊かであり、少ないほど心貧しいものです。つまり、主人公と答える人が同じになって、はじめて主人公が主人公にふさわしくなります。

いま、日本のご家庭には、主人公たり得ていないお父さんが多いようですが、お父さん方は常にご自分の主人公に呼びかけ、自信をもって答えられる父親、文字通りご家庭の主人であってほしいと思います。

## 七、子どもに表れる家庭のひずみ

昔、ボーリングが盛んに流行していた頃のことです。日曜の朝、私のお寺に集まる子どもたちの一人が、いやに元気がないのです。

「どうした？　どこか具合が悪いのか？」

と聞くと、その子は、

「お母さんもお父さんも早くからボーリングに行っちゃった。だから朝ご飯食べてこられなかったの、やんなっちゃうよ」

と言うのです。

ところが朝食をとってこない子は、その子だけではありませんでした。これらの子どものご両親は、朝早くから順番を取るため、子どもさんに「冷蔵庫の中のものを、適当に食べて行きなさい」と言って、ボーリング場に出かけてしまうのです。

最近は、パチンコ屋で、ときどき小学生の姿を見かけます。

「きみ、ここに来て遊んでは駄目だよ」

と私が言いますと、

「お父ちゃんと来ているもの」

「お父ちゃんはどこにいるの？」

「あそこにいるよ」

見ると父親は夢中でパチンコをしています。そこで、私は父親の所に行って、

「もしもし、ここにお子さんを連れて来てはいけませんよ。家に連れて帰ってください」

と言いますと、家にいてもだれもいないから、しょうがないとか、ぶつぶつ言っています。

ということは、奥さんはパートに出ていて家にはいないということでしょう。冗談ではありません。父親として、お子さんと一番ふれあいを持てるときではありませんか。なんという考え違いをしているのでしょうか。

私は、このような人は男ではあっても父親ではない、と思っています。いや、家庭をもつ資格のない人だとさえ思います。たとえば、お子さんと相撲を取りながら「この子は少し足腰が弱いな、マラソンか縄飛びをやらせよう」などと思いながら遊ぶのが、父親というものです。

一方、母親の素晴らしさは、お子さんの年齢に合わせて、一緒に歌を歌ったり、話を聞いてあげたりすることではないでしょうか。

お母さんが、なにか仕事をしているとき、

「お母さん、この絵見て！」

とお子さんが描いた絵を見せに来ますと、

「ちょっと待っててね、これだけやってしまうから」

と言って、すぐ見てあげないお母さんがいます。仕事が片付いてから見てあげようとするときには、お子さんはどこかに行ってしまっています。やはり、そのとき、すぐ見てあげて、

「とてもよく描けているわね。お上手ね。ここを少しなおしたら、もっと良くなるかもよ。今度また描いたら、お母さんに見せてね」

と言ってあげたら、お子さんはどんなに喜ぶことでしょう。もっと上手に描こうとするでしょう。しかし見てあげなければ、お子さんは、どうせ描いても見てくれないと思い、描かなくなるかもしれません。お子さんとのふれあいは、タイミングも大切だということを忘れないでいただきたいのです。

以前、小学生を対象に、「お母さん」と言ったら、なにを思い出しますか、「お父さん」と言ったら、なにを思い出しますか、という調査が行われたことがあります。

「お母さん」の場合、①こわい　②叱る　③勉強　④宿題、という結果が出ました。一方「お

父さん」の場合は、①お金　②優しい　③月給　④おみやげ、となり、実にさみしい結果となりました。また、考えようによっては、いまの日本の世相、家庭のひずみがよく表れているような気がします。

## 八、お年寄りを大事にしない風潮

私がある駅のプラットホームで電車を待っておりましたとき、ちょうど学生さんたちの学校の引けどきで、大変混雑しておりました。一人のおばあちゃんが「すみません」と言いながら、前に出ようとしておりましたので、私は前をあけて、そこにおばあちゃんを立たせて電車を待っておりました。

電車が到着して乗車する段になりますと、いち早く乗ろうと、乗客がものすごい勢いで両側から押してきました。私は、よろよろするおばあちゃんをかばうのですが、お構いなく強引に押してきます。よく見ますと、押してくるのは、ある女子大学の学生さんたちです。私は、とにかく先におばあちゃんを乗せようと、女子学生を手でさえぎる形になりました。

すると、その中のかわいい顔をした女の子の一人が、

「あら、やーだ、このお坊さん、私を入れてくれないわ」

と、とがめるように言いました。もう一人の女の子は、私をにらむようにして、

「やーねえ」

と言ったのです。私はどなりたい気持ちでいっぱいになりましたが、「いつも笑顔の圭佑和尚さん」ということで通っておりますので、どなるわけにもいきません。あくまで笑顔でしたが、大きな声で、

「やなのは、そっちじゃなく、こっちの方だよ」

と言うと、さすがに、その女の子は顔を赤くしました。

この子たちも大学を卒業して、いずれ結婚するでしょう。どんな家庭をつくるのでしょうか。ご両親が年老いたとき、どうされるのでしょうか、よけいなことながら、大変心配になります。

私が老人問題と取り組み始めたのは、いまから二十年ほど前のことですが、その年の上半期、ある地方でお年寄りの自殺が多かったときがありました。その原因を調べたところ、ほとんど若夫婦にいびられたことが原因でした。昔はお嫁さんがお姑さんにいびられたものですが、いまは、まるっきり逆になったわけです。

このことが理由ではないのですが、いまの親御さんたちは、年をとっても子どもの世話には

なりたくないと思っておられる。それが時流にもなっているようですが、そのようにお考えになる裏づけはなんでしょうか。主なものとして三つ挙げられます。一つは、いま、ご自分が健康であること、二つ目は、経済的に多少余裕が持てる見込みがあること、三つ目は、頼るものがあること、これは信仰とか信念のほか、普通の場合は配偶者になりましょう。ところが、この三つ目が問題です。おおかたの男の方は、たいがい奥さまより先に亡くなられます。この場合は、さほど問題ではないのですが、奥さまに先に行かれた場合が問題です。特に校長先生とか、議員さんとか、社長さんとか、日頃ワンマンと言われる人ほど、がっくりきて奥さまのあとを追っかけてしまうようです。統計によりますと、大体平均二年ぐらいで亡くなられています。それだけ男の方は、なにもかも奥さまに頼っているのでしょう。

逆に男の方が先に亡くなられた場合は、いままで病気がちだった奥さまが、すっかり健康を回復されたという話も耳にします。いずれにしましても、今後、老齢化社会が進むにつれて、老人の問題は、自分の問題として、みんなで真剣に考えていかなければならないのではないでしょうか。

# Ⅲ、日常茶飯事に道あり――トイレも風呂も道場なり

## 一、歩々是れ道場

道場とは、梵語ボーディマンダ（菩提道場）の訳語です。本来はお釈迦さまが菩提樹の下で悟りをひらいた樹下の座のことです。日本では、禅者が修行する場所をいい、ひろく学道を修める場所をさすようになりました。

「歩々是道場」は、したがって私たちの一歩一歩、毎日の言動の一つ一つがすべて修行であり、真理のどまん中で生活をしている、ということになります。即ち、仏の道は、人里離れた山の中などにあるのではなく、真心のある所にあります。

私たちは、とかく理想や夢を持ちすぎるあまり、あれこれと心の迷いが生じ、現実から足が浮きあがりがちです。足を地につけて、一歩一歩、人生という道場を歩んでいけば、いつどこでも、どんなことにも真実を見つけることができます。真心があれば、結婚式もお葬式もみな人生の心のけじめとして、仏の道につながっていますし、毎日の行住座臥が一つとして仏の姿、

仏の行でないものはありません。

## 二、平常《びょうじょう》心是《こ》れ道

「平常心是れ道」は、無門慧開（中国末代の禅僧）が、禅語の中のよい語句を選んで抄録した『無門関』という本の中にある言葉です。

中国の唐代の禅の高僧、趙州従諗（七七八〜八九七）が修行中に師である南泉普願禅師（八三四年没）に、

「道とは何でしょうか」

と質問しました。南泉禅師は先輩の馬祖禅師（七八八年没）の言葉そのままに、

「平常心是れ道」

と答えたのです。

この言葉の意味を悟られて、よく使われた方が、總持寺を開かれた瑩山禅師です。

平常と平生とは同じではありません。平生は、普段、あるいはそのままの意です。平常には「自然《じねん》」の意味が含まれます。また「自然《じねん》」は、自然《しぜん》とは異なります。山川草木に人の手を加え

ないのが自然《しぜん》で、「自然《じねん》」には、おのずからとか、真理のままに、という意味があります。

従って、本能のままにふるまったり、普段のままが「道」というのではなく、真理のままにある状態を言います。また、真理のままにある状態を「法爾自然」とも「自然法爾」とも言います。法然上人の名も、ここに由来すると言われております。

いつも心が変わることなく、習慣化されてこそ「平常心是れ道」なのです。即ち、あいさつも平常心であり、言うなれば「あいさつ是れ道」ということでもあるのです。ちなみに、平常心は華道や剣道の道にもよく使われます。

土岐善麿（歌人）の歌を一つ。

おはようと　いうひとことも　それぞれの　心のままの　朝のすがしさ

三、人生のきまりは、きちんと教える

なぜ、最近、礼儀正しいと言われる日本人が、挨拶をおろそかにするようになったのでしょうか。

いろいろ理由は考えられましょうが、その一つに、間違った放任主義がございます。

昔私が訪問したある家の話です。茶入帽を脱ぎますと、帽子の型がめずらしいのでしょうか、お子さんがいたずらをいたします。さて、帰るときになって私の帽子がありません。すると、どうでしょう。お子さんが私の帽子に足を突っ込んで遊んでいるではありませんか。

「おいおい、私の帽子だよ。そんなことをしてはいけないよ、ちゃんと謝りなさい」と言うと、そのお子さんはプンとして謝りもしません。そのようなお子さんのお母さんに限って、

「すみません。うちは、放任主義で育てているものですから……」

と、ニヤニヤしながらおっしゃいます。人に迷惑をかけていい放任主義などありはしません。こういう人達は、このようなことを言って得意になっているふしがあります。まことに困ったものです。

私のお寺の前は、広場として遊び場になっています。この広場には、たくさんの人が遊びに来ます。備えつけのくず籠にゴミを入れていくのはよいのですが、たまったゴミを片付ける人はおりません。片付けないのはまだしも、最近紙おむつが捨てられていたのには、いささか驚きました。くず籠はしまってしまいました。ご自分は自由自在にそんなことをして、さらに子どもさんは放任主義でのびのびと育てたいとおっしゃる。一体どうなっていくのでしょう。

かつて私のお寺に、夏休みになりますと、大学生たちが大勢泊まり込みでやってきました。女子学生は台所仕事、男子学生は草取りなどをしてもらいます。ある日、草取りをなまけてやらない学生がいました。

「なぜ、きみは草取りをやらんのだ？」

と言いますと、その学生は、私がこう言うのを待っていたかのように、

「和尚さん、草なんか取ったって、また、すぐ生えてくるじゃないですか」

「おっしゃる通りですな」

「どうせ、お盆に間に合えばいいんでしょ」

「そう、きみの言う通りだ」

「じゃ、あさって取ります」

「ああ、そう。じゃあ頼むよ」

と私は言って、その足で台所に行き、その頃まだ丈夫だった母に、「お母さん、鈴木という学生の昼めしは出さなくていいから」

と、それだけ言っておきました。お昼になって、例の学生のところには、なにも食事の用意がされていません。

「和尚さん、私の所には、なにもないのですが……」

と彼は言いました。

「めしというのは、昼に食べても晩までには消えて腹がすいてしまうものだ。だから、あさって、ごちそうするよ」

私は、彼が昼間、草取りのときに言ったセリフをそのままお返ししました。さすがの彼も黙って考えておりましたが、やがて「すみません」と謝りました。しかし、謝ったからと言って、すぐには食べさせませんでした。ここが一番肝心なところです。大抵のお母さんは、お子さんに謝られると、「わかればいいのよ、今度から気をつけてね」とおっしゃいます。これは絶対にいけません。

私は、彼に草取りをやらせました。思いやりがあれば、彼が草取りを終えるまで、みんなで食事をしないで待ってやればよいのです。きっと彼は草取りをやりながら、いろいろ考えたに違いありません。来なければよかったとか、あの和尚偉そうに、とか……。しかし、そのうち彼は、「やったことは必ず正しく報いられるのだ」ということがわかってきます。これが人生の決まりなのです。

たとえば、学校の運動会の徒競走で、もし転んでしまったら、仕方がありません。また、一生懸命走ればよいのです。運動場が悪い、足が悪いと言ったところで、どうなるものでもないのです。恥ずかしい、みっともない、照れくさいけれど、歯を喰いしばって最後まで走るから、みんなが拍手してくれるのです。

ある日、お話に行く途中、電車に乗っていたときのことです。三、四歳ぐらいの坊やを連れたお母さんが乗車してきました。あいにく空いている座席がありませんでした。すると、その坊やが、ぼくの座る席がない、とわめき出しました。座る所がないときは立っているというお約束でしょ、とお母さんはたしなめていました。

その坊やは、だれも席を空けてくれないとわかると「ぼく、すわるところがないと、つかれちゃって死んじゃうよ」と言いました。私は思わずふき出してしまいました。座席に座っているほかの人たちも、この親子の様子を見て苦笑していました。「ほら、ごらんなさい。わがままを言うから、和尚さまも笑っておられるわよ」と言うお母さんの声に、みなさんが私の方を見ました。私もなにか言わないわけにはいきません。

「坊や、電車の中は、キミのおうちとは違うんだよ。座る席がなかったら、我慢して立っていなさい。疲れて死んじゃうなら死んじゃいな。それがいやなら、次の駅で降りなさい」

と私は言いました。こんなこと言われたことがなかったのでしょう。坊やは泣き出してしまいました。

私は、そのお母さんににらみつけられるだろうと思って顔を向けると、笑顔で会釈してくれました。私は、どこででも子どもさんがふざけていけない所でふざけたり、してはいけないことをしているときは、お母さんやおばあちゃんににらみつけられるのを覚悟で叱ることにしています。

電車を降りるときになると、そのお母さんは、

「ありがとうございました。甘やかして育てたものですから、わがままで困っております。いままで席を譲ってくださった方はいらっしゃいましたが、和尚さんのように、ちゃんと注意してくださった方はいらっしゃいませんでした。本当にありがとうございました」

とお礼を言って、坊やと一緒に電車を降りられました。お母さんが、私のしたことを理解してくれて、大変嬉しく思ったものです。大人の方は、もっと勇気を出して、いけないことをしている子どもたちを見かけたら注意していただきたいと思います。それが子どもたちのためでしょう。

## 四、不染汚行《ふぜんなぎょう》

身心これ不染汚なれども、浄身《じょうしん》の法あり。ただ身心を清むるのみにあらず、国土樹下《じゅげ》を清むるなり

この言葉は、道元禅師が著された『正法眼蔵』の中の「洗浄之巻」に書かれたお言葉で、私たちの毎日の生活は、すべて不染汚行でなければばならない、と説かれています。私たちは、本来、明珠すなわち清らかな光をもった玉なのであるから、なにを行うにしても決して汚さないようにしなくてはならない。お便所の使い方ひとつにしても、単に自分の心や体を清めるだけでなく、すべてを清めるつもりで行え、それが仏行、ということです。

この「洗浄之巻」には、小用や大の方の用の足し方から、爪を長くしていてはいけないなど、一つ一つ詳細に示されております。道元禅師は日常の立居振舞に仏法の大事を見ておられ、日常の生活実践の行がなければ「禅」ではない、とお説きになっています。

## 五、まず大人がよき模範を示せ

私ども禅宗のお寺では、お便所のことを東司《とうす》と申しますが、子どもに対しては、親がまずトイレの使い方に気をつけなければなりません。

男の方は小用を足すとき、必ず回りを少し汚すくせがございます。しかし、ほとんどの男性は拭いてきれいにしようとしません。

お父さんが汚したあとに入ったお子さんは、いくらお母さんから口やかましく汚さないように言われても、お父さんのしたことを見れば、それでいいものだと思ってしまいます。家の中のお便所がこの始末ですから、駅や公衆のトイレの汚なさは、目に余るものがあります。これは、もう日本中どこも同じと言ってよいでしょう。

なぜ、男の方たちが、このようにだらしないのでしょうか。それは、子どもの頃にお便所の使い方を教えなかったお母さんたちに責任があります。ということは、お母さんたちもだらしないからです。

東京のある名刹で毎年、大きな茶会が行われます。美しく着飾ったご婦人たちが五百人以上集まりますが、このご婦人たちが帰られたあとの、お便所の姿はとても申し上げられません。

これが、お茶をなさるご婦人たちのなさることとは、とても信じられません。このような女性に、だれが育てたのでしょうか。

私の所でも、お施餓鬼というお寺にとって大切な法要がございます。この法要のとき、お台所の中心となる女の方が二人おられます。お二人とも立派な方です。その一人の方から、今年でやめさせてほしいという申し入れがありました。

理由をききますと、その方のおっしゃるには、ある日、ご主人が「毎日のお弁当だけは、おまえが作ってくれ」と言う。いつも作ってくださるお母さんのでは、なぜいけないのですかと訳を聞くと、最近ときどきお弁当の中に髪の毛が入っていることがある。お母さんも一生懸命作ってくれるので言うわけにはいかない、と言われたそうです。

「和尚さん、私もだんだん年をとってきました。よほど気を付けていましても目が悪くなれば、私でも髪の毛の入ったお弁当を作ってしまうかもしれません。それ以来、お便所も気を付けて使い、出るときはお掃除もしております。自分ではきれいにしているつもりでも、よく見れば汚れているかもしれません。そうなったら恥ずかしいので、恥をかかないうちにやめさせていただきたいのです」

実に奥ゆかしい、素晴らしい方だと思います。このような素晴らしい方を、私はほかにも知っております。北海道で会社を経営しているあるご婦人もそのお一人です。この会社で働いた人は、どこへ行っても立派に通用すると評判でした。私は、女傑と言われるそのご婦人にお会いする機会があり、その点をおうかがいしたことがあります。

この女社長さんは、新しく入社した男性の社員にも女性の社員にも、まず、「あなたはおトイレをちゃんと使えますか」と尋ねるそうです。ほとんどの方は苦笑しながら「出来ます」と答えるそうです。二、三日後に、「出来ます」と言った方がおトイレから出て来たとき、その女社長さんは、失礼しますよと言って、ご一緒に中をご覧になって注意をするとどの方も顔を赤くされるそうです。

女社長さんは、私に、

「おトイレをきれいにするのは、ほかの人への思いやりです。ですから、これさえできれば、どんな仕事もできるようになるのではないでしょうか」

とおっしゃいました。

いずれにしましても、まず大人がよく模範を示すことが大事です。

## 六、トイレの作法がしつけの第一歩

永平寺を開かれた道元禅師さまは、お弟子たちに、
「前後に染ましむるなかれ、両辺を汚すことなかれ」
と、お便所の用い方をお教えになりました。あとから使う人の身になって使え、ということです。

宇治に行きますと、萬福寺という黄檗宗の本山がございます。初代の隠元禅師から十三代までは渡来した中国人僧がご住職をされていたお寺です。中国文化の影響が強く感じられるお寺ですが、そのお便所に参りますと、

汝、一歩の労を惜しむなかれ

と書いてあります。要するに、汚さないように一歩前に出て用を足せ、ということです。

なかには、

一歩前進、最後の一滴まで

と書かれているお寺もございます。また、あるお寺では、しゃれたつもりなのでしょう、ご婦人の方には、

朝顔の外にもらすなもらい水

男子の方には、

水鳥が水を離れて立つときは　頭ふりふり　しずくたらたら

と書かれております。あまりよい句とも思えませんが、最近、この句の意味さえもわからない修行僧もいると聞いております。

皆様はお子さまに、トイレの使い方をきちんと教えておられますか。回りを汚さないように、とぐらいにしか教えていないのではないでしょうか。

家の中のトイレをみんなできれいに用いる方法は簡単です。トイレの中に、よくしぼったきれいなタオルを備えておきます。用を足したあとは、必ず回りを紙で拭く。もし汚れが取れないときは、備えておいたタオルで拭き取り、いつもきれいにするように、家族のみなさんに教えておくのです。自分で拭くようになれば、汚さないように気を付けるものです。このことをみんなで守れば、奥さんのなさることは、日に一回、ほとんど汚れていないタオルをすすぐだけでよいのです。

## 七、身心無垢

沐浴身体《もくよくしんたい》　当願衆生
身心無垢　内外光潔

これは「入浴之偈」（作者不詳）といわれ、バッダバラ尊者がお風呂に入られたとき悟りをひらいたという故事にもとづいています。体を清めることは、私たちの日々の願いですが、自分の体と心を洗うだけではなく、この世の中にあるすべてのこと、内も外もぜんぶきれいにする気持ちをもってお風呂に入りなさい、という意味です。自分の体だけきれいに洗って、あとから入る人のことも考えず、洗面道具や風呂場を汚したままにしておくようなことをしてはならない、それにはまず大人が子どもの手本にならなければならない、ということです。

このことから、バッダバラ尊者はお風呂の守り仏さまとして祀られることになりました。本来はバッダバラ尊者をかたどったお像をお風呂場に祀るのですが、私どものお寺ではお位牌をお祀りしています。禅宗では、今でもお風呂に入る日を「四九日」と言って、四と九のつく日に頭を剃り、お風呂に入って身心を清めることになっております。

## 八、もっとも反省すべきは我々大人たち

道元禅師さまが一番最初にお開きになった興聖寺、別名「もみじ寺」というお寺が宇治にあります。このお寺の湯殿に行きますと、入口のところに、

お風呂にお入りになる方は、あとの人のことを考えて、下をよく洗ってからお入りください。

と書いた板が下げられております。これほどはっきりと書いてある所は、日本広しと言えども、このお寺だけではないでしょうか。

昔は、お風呂の入り方は、銭湯などで教わったものです。たとえば、あとから湯船に入る方は「失礼しますよ」と、また先に入っている方は「お先に」と声を掛け合うのは常識でした。風呂から出るときも、お互いに声を掛け合ったものです。このように、日頃からお互いに思いやりをもって声を掛け合っていれば、いつでも思いやりの言葉はすっと出てきます。

たとえば会社でも商店でも、冬の寒い日に、仕事で外から帰ってきた人に、「ご苦労さん」とか「お疲れさま」とか声をかけてあげる。仕事が思うようにいかず、寒い中、帰って来た人は、この一言にどんなに慰められることでしょうか。

お食事のときも同じです。

お嫁さんが「お食事ですよ」と、おばあちゃんをお呼びになる。おばあちゃんは「ここを片付けてから、すぐ行きますよ」とおっしゃった。そして、おばあちゃんがいらっしゃったら、「おばあちゃん、お先にいただいていますよ」

と声を掛けていただきたい。それを、

「おかずがなくなっても文句言わないでくださいね。遅く来るのがいけないんですから」

などと言うのは論外ですね。常識以前の問題です。

かなり以前のことですが、夏休みに、ある地区の子どもさんたちを合宿に連れて行きました。合宿所に着いたら、まずトイレの使い方やお風呂の入り方などを教えます。

たとえば、お風呂の場合ですと、脱いだ衣服はたたんで、入れるべき所にきちんと入れる。風呂に入るときは、まず、かかり湯をかけなさい。湯船に入るときは、前の方も後ろ方もよく洗ってから入りなさい。といったように細かい点まで、きちんと教えます。子どもたちは、ちゃんと教えれば、教えられた通りにやります。

次の日、班長たちだけ集めて風呂場の点検をしました。男湯の方は、教えた通りきちんとなっておりました。ところが女湯の方は、桶は放りっぱなし、中には汚れた水がそのまま入っているのもありました。女の子たちは、ちゃんときれいにして出た、と言うのです。

「見てみなさい。桶は放りっぱなし。石けんは使い終わったら、よくしぼったタオルで拭いておきなさいと言ったはずだよ。言った通りやっていないで、よくも、ちゃんとやったなどと言えるな!」と私は叱りつけました。それでも六年の女の子は、目に涙を浮かべて、「私たち、ちゃんとやったもん」と言いはるのです。おかしいな、この子たちは、うそをつく子ではない。そこで、はたと気がつきました。これは、女の子たちが出たあと、一緒に合宿に来ました学校の先生やＰＴＡの役員、子どもたちの世話役のお母さんたちがしたことでした。

ご婦人方ばかり責められません。男の方ももちろん同様です。

もし会社の上司と部下が、外国なり国内なり出張に出かけたとします。切りつめた予算のため、宿泊は二人で一部屋を使用することになります。風呂は、大体、上司の方が先に入りますが、あとから部下の方が入ると風呂場は汚れている。気持いいはずがありません。

男の方は、風呂場などあまり洗うことがないようです。結婚していれば、奥さんがやるものと思っています。特に地位の高い人ほどやりません。しかし、あとから入る人のことを考えたならば、上司であろうと地位の高い人であろうと、きれいにすべきですね。

いろいろな点で、いま一番反省しなければならないのは、私たち大人です。

# Ⅳ、祈りと感謝

## 一、念ずれば花ひらく

坂村真民さんは、四国に住む詩人です。「念ずれば花ひらく」という言葉は、三十六歳で未亡人となった、坂村さんのお母さんの苦闘の中から生まれてきた願いであり祈りです。坂村さんは、この言葉を八字十音の真言として、胸に刻んでとなえ、詩作のバックボーンとしてきました。

念ずれば花ひらく

苦しいとき
母がいつも口にしていた
このことばを

わたしもいつのころからか
となえるようになった
そうしてそのたび
わたしの花がふしぎと
ひとつひとつ
ひらいていった

坂村さんは、「念ずれば花ひらく」という八字十音の真言をタンポポの種（母上の名はタネ、だそうです）のように飛ばして、一人でも多くの人に伝えたいと念じ、それがご自身のただ一つの報恩行だと思っておられます。坂村さんの、お母さんをたたえる詩は「祈り」になっています。その中の一つをご紹介しましょう

昼の月

昼の月を見ると

母を思う
こちらが忘れていても
ちゃんと見守って下さる
母を思う
かすかであるがゆえに
かえって心にしみる
昼の月よ

あなたがお生まれになったとき、お父さんは、この子のために一生懸命働こうと心に誓ったはずです。お母さんは、あなたを抱きしめ、あなたの幸せと健康を祈ってくれました。そのお父さんやお母さんがお生まれになったとき、あなたのおじいちゃんやおばあちゃんも同様だったはずです。あなたが、今日生きているということは、あなたのご両親、あなたの祖父母、さらに遠い祖先の祈りによって生かされているのです。その尊い、暖かい血が流れているあなたも、祈りある人生を歩んでいただきたいと思います。

## 二、「祈る」ことが「ありがとう」であり「すみません」である

たくさん曲を作っても、祈りがない歌は決してヒットしません。――作曲家の小林亜星さんは、こういうことを言っておられます。なにをするにも、祈りというのは大事です。

そこで私は、祈る「場所」をぜひ作ってくださいとお願いしたいのです。たとえば、娘さんが結婚なさいますとき、できれば花嫁道具を一つ減らしても、お仏壇を贈ってあげていただきたいと思います。宗旨が違うとおっしゃるのなら、せめてお写真を飾る場所を作っていただきたいのです。ご主人のご両親のお写真は大きくして、実家のご両親のお写真は少し小さくすればよいのです。なにかあって、悲しいとき、くやしいときは、家族のだれもが手をあわせ心をこめてお祈りすればよろしい。

お祈りをしますと、自然に、いままで分からなかったことも分かってまいります。気がつかなかったことも、気がつくようになります。信じられないでしょうが、あなたのご両親も、必ず、だれかから義理知らずだとか、恩知らずだとか、ケチだとか、偉そうにしてとか、陰で言われているはずです。あるいは思われたことがあるはずです。ねたみや非難は人間に付きものです。まともに面と向かって言われていないだけのことです。

しかし、なぜ、ご両親がいわれのない非難やねたみを受けるのでしょうか。それは、あなたに人並みにおいしいものを食べさせたかったからです。人並みに美しい着物をあなたに着せたかったからです。また、人並みにあなたを学校に行かせたかったからです。ということは、あなたのために、ご両親は非難されたり、ねたまれたりしたのです。

そうであれば、いまここで、ご両親に対してお祈りできるではありませんか。手を合わせなくとも、心の中でお話しすればよいのです。そして、あなたのそのような姿を、またお子さまが見て、あとから歩んでいくことになります。「祈る」ことが「ありがとう」であり、「すみません」である、と私は思います。ぜひ、お祈りする場所をつくって、実行していただきたい。

## 三、ゴミを大切にする心

最近、どの町でも台所のゴミが山のように出ますが、戦前の日本では、こんなにたくさんのゴミが出たでしょうか。なんでも豊富になったせいか、日本人はモノを大切にしなくなったように思います。日本人に比べ外国の人はモノを大切にするようです。家具を例に挙げれば、何十年も大事に使う家庭が多いのです。最近の日本人は、少し古くなって見た目が悪くなると捨ててしまい、すぐ新しいものをお買いになる。ゴミ捨て場に行くと、冷蔵庫など電気製品でも家具でも、まだ使えそうなものがたくさん捨ててあります。自転車置場などにも古びた自転車が山積みにされているところを見かけます。最近では、リサイクルと称して、使えそうなものは修理して使う運動も行われるようになってきましたが、一般的には、まだまだ粗末にしているご家庭が多いように思います。

突然ですが、「夢追い酒」という歌をご存じでしょうか。遠藤実さんが作られた歌です。

悲しさまぎらすこの酒を
誰が名付けた夢追い酒と
あなた　なぜなぜ私を捨てた
みんなにあげて尽した　その果てに
夜の酒場でひとり泣く

意外に思われるかもしれませんが、なんとこの歌は、街角に捨てられている粗大ゴミの切ない嘆きから生まれたそうなのです。

昔あるとき、遠藤さんがお酒を飲んでホロ酔い加減で家路についた時、小雨が降る夜でなんとなく歩きたくなり、家の近くでタクシーを降りて、歩いていると原っぱがあり、その原っぱにあるゴミ捨て場に、電気冷蔵庫やテレビ、扇風機、机などまだまだ使えそうな道具類がゴミとして大量に捨てられていました。

（もったいないなぁ、かわいそうだなぁ……）

とやるせない気持ちでしばらくながめていたら、そのゴミたちが遠藤さんに呼びかけて来ました。

「私はまだ使えますよ。どうして捨てたんですか……どうして捨てたんですか……」

その叫び声が心に突き刺さり、ショックだったそうで、その嘆きが「夢追い酒」の発想のヒントとなった。と、おっしゃっていました。

「粗大ゴミ」として、テレビや電気冷蔵庫が捨てられている。しかし、これらのモノを最初に買われたときのことを考えていただきたい。思い切って買ったテレビが一家の団らんにどれだけ役立ったか。冷蔵庫が、ご主人の飲むビールを冷やすのに、どれだけ役立ったか。小さなお子さんのいるご家庭では、お子さんが熱を出して冷やす氷が必要なとき、冷蔵庫のありがたさを知らされたはずです。

家の中は、いつの間にかホコリがたまります。ホコリがたまるように、お金もたまればいいのに、と言いますが、このホコリも、よく見れば衣服の繊維が多いのです。衣服のゴミであるならば、以前は私たちの健康に役立っていたのです。

なんでも新しくてきれいで役立つときは大事にし、丁寧に扱いもします。ところが古くなって、きたなくなって、役立ちそうになくなると、ゴミと呼んで捨ててしまいます。

粗末にされるのは、モノだけではありません。会社に勤めておられる男の方も、年をとって能力が衰えてくると、まるで除け者のように窓際に追いやられる。やがて定年になると会社をやめなければならない。定年になって毎日家にいるようになると、今度は、奥さまから、家の粗大ゴミと言われたりします。

モノを粗末にする心は、人間をもゴミのように粗末にする心につながります。人間も若いうちはよろしいのですが、年をとって、みにくくなり、家でも会社でも社会でも役に立たなくなると、ゴミのように捨ててしまえというわけです。いま、一人暮らしの老人がいかに多いかを見てもおわかりでしょう。あなたも間もなく、いやでも老人になります。このことを考えれば、ゴミを大切にするということは、どういうことなのか、お分かりいただけると思います。仏の心とは、ゴミを大切にする心です。

## 四、笑顔のお布施、心のお布施

神奈川県のある温泉場に、年老いたご婦人が別荘にひとりで住んでおられます。このご婦人は、お名前を申し上げれば、すぐ分かる有名な方の未亡人です。この老婦人の作られた歌をご紹介しましょう。

わが庭に　千々に乱れて　花咲けど　訪う子らの　なきぞ悲しき

幸い、まだ健康で、今朝も気持ちよく起きました。ふと庭に目をやると、秋の花々が咲き乱れている。だけど「お母さん、おはようございます」と言ってくれる子は、いまはだれもいない、という心境を歌ったものです。

いまの若い方は、なにも連絡しないのが、お互いに丈夫である証拠だと思っているふしがあります。しかし、本当は、お年を召した方も若い方も、小さな子どもさんも、みんなさみしいのです。暖かい心のふれあいを求めているのです。

別荘に一人住まいの老婦人が病気になると大変です。家政婦さんは急には間に合いません。そこで日頃出入りしている八百屋さんや魚屋さんたちが連絡し合って、交替で看病するのです。私はたまりかねて、東京の本宅へ電話をしたことがあります。すると、やれ会社の仕事が忙しい、やれお子さんの学校の集まりがある、やれなになにの発表会があるとかで、行きたくとも行けないのだ、という返事です。

しかも、「和尚さん、母に恨まれることなんか何もありませんよ。温泉つきの別荘に住まわせ、こう言ってはなんですが、衣食住なに一つ不自由させておりません」

と息子さんの嫁さんは言うのです。たしかに衣食住は不自由させていないかもしれません。しかし、これでは、お子さんに、朝食はなんでもいいから与えておけばいい、というお母さんと何ら変わらないのではないでしょうか。

家の中に年老いた病人がおられたら、心をこめて看病すると同時に、いつも暖かい言葉をかけてあげてほしいと思います。子どもさんは、その親の姿を見て、親が病気したときは、あのようにするのだな、と心にとどめて育ちます。このお子さんならば、年老いた親を子どもの間でたらい回しするようなことはしません。

では、もしも、あなたご自身が病気にかかったとき、どうすればよいか、お考えになったことはありますか。

病気ですから、堂々と寝ていればよろしい。あなたが生まれたとき、ご両親は抱きしめて幸せを祈ってくださったはずです。あなたの中に、お父さんの祈りの心とお母さんの暖かい血が流れています。こう考えたら、ご自分を決して粗末にはできないでしょう。だったら堂々と寝ていることです。

あなたがどんな重い病気で口はきけなくとも、笑顔にはできるはずです。たとえば、私たちは、病気だから見舞いに行くのに、なぜか病人が苦しそうにしておりますと、見舞いに来るのではなかったと思います。ところが病人が笑顔を見せてくれますと、見舞いに来てよかったなと思います。

重い病気で口がきけなくとも、見舞いに来てくれた人に対して感謝の気持ちを笑顔で表すことはできます。病人だからといって、何もできないわけではありません。これが笑顔のお布施、心のお布施でしょう。金品だけが「お布施」ではありません。

## 五、無財の七施

お釈迦さまのお経の中の一つ、『雑宝蔵経』巻末に、

仏説きたまうに、七種施あり、財物を損せずして大果報を得ん

として、「無財の七施」が説かれています。無財の七施とは、なんにもなくとも七通りの布施行ができる、ということです。金品ではなくとも、眼施《げんせ》、和顔悦色施《わがんえつじきせ》、言辞施《げんじせ》、身施《しんせ》、心施《しんせ》、床座施《しょうざせ》、房舎施《ぼんしゃせ》の七つのお布施ができるのです。

「眼施」はお母さんが赤ちゃんを慈愛に満ちたまなざしで見るのも眼施です。子どもは親の愛のまなざしによって成長します。また、入院している方でも、目の病で見ることができない場合は別として、どんなに重い病気で口がきけなくとも、お見舞いに来られた方に対して、よく来てくださったという感謝の心を目にこめて見ることはできます。お見舞いに来られた方も、病人のその目を見て、来てよかったと思います。学校の先生は、生徒の目を見て話すものです。

生徒の方も、私のことをよく見守ってくれているのだなと思い、勉強に運動に励むものです。親子関係はもちろんのこと、対人関係においても同様です。「目は口ほどにものを言う」という言葉があるように、温かい視線を送り、やさしいまなざしで接することは、なにはなくとも、心がけ一つでだれにでもできることであり、これは素晴らしいお布施です。

「和顔悦色施」は、文字通り、なごやかな顔で喜びの色を施すことです。よく、あの人はいい顔している、と言います。この場合は美形を言うのではなく、いい表情をしているということです。男性でも女性でも熱心に仕事しているときの顔や、なにかやり遂げたときの顔は、とてもよい顔です。

笑った顔、怒った顔、泣いた顔、いやらしい顔、冷たい顔……顔はそのときそのときの心の鏡です。顔の良し悪しを決定するのは表情であり、表情を左右するのは心です。

重い病気で入院なさっている人でも、お見舞いに来られた人に、目だけでなく笑顔を見せることはできます。笑顔というものは人の心をなごませます。いま、特に欠けているのはお母さんの笑顔、家庭の中の笑顔ではないでしょうか。まだまだ笑顔が足りないように思います。私たちは、もっともっと和顔悦色施を行いたいものです。

また言葉を施すのが「言辞施」です。「おはよう」から始まり、「ありがとう」「いただきます」

「ごちそうさま」「ご苦労さま」「すみません」「おやすみなさい」「さようなら」――みな言辞施です。

私たちは、人から褒められると悪い気はしません。特に子どもさんは褒めてあげると、すばらしい力を発揮します。叱るより褒めろ、と言うのは、こういうことでしょう。全国高校野球大会で優勝したある監督さんは、選手たちを二回叱っても八回は褒めたそうです。

## 六、少欲知足

お釈迦さまが亡くなられるときの最後の説法が『遺教経』で、「八大人覚」ということを説かれました。また道元禅師も、この「八大人覚」を最後の教えとしております。大人とは修行者のことで、修行者が修行して自覚すべき八項目が「八大人覚」です。

この八項目とは、少欲（多くの利を求めない）、寂静（静かな所に住む）、精進（進んで努力してしりぞかない）、不忘念（法を守り忘れない）、禅定（心を乱さない）、修知慧（知慧を修める）、認識（正しく考える）、の七つに「知足」を加えたものです。

『遺教経』の中に、

知足の法は即ち是れ富楽安穏の処なり
不知足の者は富めりといえども而かも貧し

知足――足ることを知るとは、「すでに得たものでも、これを受けるには分限を知れ」ということです。足ることを知っている人は、たとえ寝る所がなく野宿をしても、そこが安楽の場所であり、不知足、すなわち足ることを知らない人は、たとえ富める者でも心は貧しい、ということです。立派な家もあり、また立派な教育を受けた者でも、足ることを知らず、親を大切にしない者は、心貧しいと言うほかはありません。

ちなみに、京都の龍安寺の庭のつくばいには「吾唯知足（われ、ただ足ることを知る）」が図形化されて浮き彫りされているので有名です。

## 七、お客さまのもてなしが上手な娘

私が知っている娘さんで、お客さまのもてなしが大変上手な子がおります。いまは結婚なさって幸せになっておられます。ある日、私は、その娘さんと結婚なさったご主人にお会いしたので、よいお嫁さんをもらいましたな、と言いますと、ご自分では気がつかれないのか、うちの女房のどこがよいのでしょうか、と聞くのです。たぶん照れくさかったのでしょう。

その娘さんの家はお客さまの多い家でした。お客さまがくると、その娘さんは、いつも笑顔でお迎えし、みなさんお元気ですかなどと話をしながら、別にご馳走を出すのではなく、家にあるものでなにかしら作ってもてなすのです。それが実に何気なく、しかし心のこもったもてなし方でした。このようなもてなし方は、おばあちゃんから教わったようです。

いま、お客さまが来られると、どのようなもてなしをなさいますか。お寿司屋さんに出前を頼むとか、近くの料理屋に連れていくとかというご家庭が多いのではないでしょうか。このようなもてなし方は、お客さまの方でも心苦しくなり、お客さまの足を遠のかせる結果になりかねません。女の子をお持ちの方は、ぜひ、お客さまに対して親切なもてなしができる娘さんに、小さいときから育てていただきたい、と思います。

たとえば、男の方は付き合いというものがあります。同じ市内に住んでいる会社の先輩と後輩が、仕事が終わって、外でお酒を飲んだとします。二人とも大変ご機嫌で、最後は、俺の家に寄れと先輩が後輩に言うこともあるでしょう。後輩は夜も遅いので遠慮するのですが、熱心にすすめるのでお邪魔することになる。先輩の家に行くと、奥さんが夜遅いにもかかわらず快く迎えてくれて、なにがしかの料理を出してくださる。どんなに鈍感でも、この料理は主人たる先輩が家に帰ってきてから、一緒に食事しようと奥さんが用意した夕食の料理だと分かります。その心遣いが嬉しく話もまたはずむでしょう。

そしてご主人が、なにか水でも飲みに台所に行くと、奥さんが昼の残りかなんかで茶漬けを食べている。その姿を見て、素晴らしい女房だな、この女房を泣かすことはすまい、この女房のために頑張るぞ、そう思わない男性はいないと思います。

ところが、私の知る限りでは、このような奥さんは、きわめて少ないようです。大抵の奥さんは、主人の連れてきたお客さまを見て一瞬いやな顔をします。連れてこられた方は、しまった、来るのではなかったと思うでしょう。しかし、あがれと言うので仕方なくあがると、そのうち、ご主人は奥さまに呼ばれて台所の方に行きます。

「いま頃、なぜ連れてきたの」

「いや、なにもしなくていいんだ。ちょっとお茶だけだ……」

「そう言ったって、私の立場があるでしょ。前もって電話してくれなくては困るじゃないの。なにもないのよ」とかなんとかご主人は奥さんに文句を言われる。よほど大きな家でないかぎり、二人の会話はお客さまに聞こえます。聞こえなくとも雰囲気が伝わるからすぐわかってしまいます。

奥さまが文句一つ言わず後輩をもてなした先輩と、奥さまに、さんざん文句を言われたご主人と、どちらがご自分の本分を発揮して活躍し出世するかと言えば、いまさら申し上げるまでもありません。

ご主人を出世させる、あるいは成功させるのは奥さま次第です。また奥さまを幸せにするのはご主人次第でしょう。このお話を男性の方の会合でお話しすると、必ず、女房に聞かせたいとおっしゃいます。しかし、お話を聞いたからといって、すぐ出来るものではありません。結婚なさる前から、お母さんから教えられていなければ、なかなかできるものではないのです。ですから、娘さんをお持ちの方は、家にいるときから、お客さまのもてなしが上手な娘さんにお育てになっていただきたい。それが実は将来、娘さんの幸せにつながるはずです。

# V、とらわれない心

## 一、柳は緑、花は紅

中国の宋時代の詩人蘇東坡が、美しい春の自然を眺めて詠んだ句が「柳は緑、花は紅、真面目」です。蘇東坡は、緑の柳、紅の花が咲く美しい春の風光を眺めているうちに、すべての存在がそのまま真理を自分に語りかけてくれているのを悟りました。同じような句に「青山緑水」というのがあり、意味するところは同じです。しかし、すべての存在をありがたい真実と実感できるようになるには、厳しい修練が必要です。

道元禅師が中国から禅を学んで帰国したとき、人々の問いかけに答えた第一言は、「眼は横に、鼻が縦についていることが、本当に分かった」という言葉でした。

世の人々は、この言葉に初めは笑ったかもしれません。しかし、そのうちに自分たちの笑い声のうつろさに、気がつきました。「眼横鼻直（眼は横に、鼻は縦に）」のありがたさがわかるには、道元禅師にしても、異国で数年の歳月を必要としました。世の人たちは、道元禅師の数年に及ぶ修行の重さを感じたのです。

人間の世界を考えても、職業も多種多様であり、賢い人もいれば愚かな人もいるかも知れません。また背の高い人もいれば低い人もいます。しかし、各人各様、日々あるがままに生活を営んでいる姿が、そのまま柳緑花紅であり、青山緑水であり、花あり、月あり、楼台ありです。

## 二、語り尽す山雲海月の情

山と雲、海と月は共に景色としても美しく、また山と海は天と地のように相対していると同時に呼応してもいる。人にたとえれば、この上なく親しい者同志が顔を合わせて喜び合うのに似ている。そして、お互いに「おはよう」や「すみません」とあいさつし合うことは、山雲と海月のような情愛の交流である、というのがこの語句の意味です。

また、この語句は、「渓声便ち是れ広長舌、山色豊清浄心ならざらんや（谷川のせせらぎの音は広長舌をふるって真理を説く声であり、山の肌あいは清浄な仏身そのものである）」という蘇東坡（中国の宋時代の詩人）の詩や、道元禅師が道歌にうたわれた「峰の色、渓《たに》の響きもみなながら吾が釈迦牟尼の声と姿と（谷間のせせらぎは説法の声であり、山の色は、ほとけの微妙な姿である)」の歌にも通じるものです。このことを感得できるのは、見る人の心が深いからです。このような心を持てるからこそ、人間としての尊厳があります。禅者は、これを「仏心(ほとけのいのち)」と言い、鈴木大拙博士(一八七〇―一九六六、大正・昭和期の仏教哲学者。海外に禅と日本文化の紹介につとめた)は「霊性」とも「創造心」とも名づけています。

## 三、明珠掌に在り

「明珠掌に在り」は、中国禅宗の『従容録』という本の中にある言葉です。

明珠とは宝物です。即ち心の中の仏性(仏の心)のことです。仏の心とは、手の届かない高い所や遠い所にあるのではなく、だれもが手の中に持っているという意味です。しかし、私たちは、かりそめの幸せを求めてさ迷っているために、手の中に握っていても、そのことに気がつきません。気がつかなければ、それこそ宝の持ちぐされというものでしょう。そこで、私たちは修行を重ねることによって、何かが機縁になって、はっと気がつきます。

同じような言葉で、「心中仏性(仏の心)ありといえども修せずんば現れず」という句の序詞として「石中に火あり　打たずんば発せず」という句があります。むかしの人が用いた火打ち石は、石と石をぶつけ合うと火が出ます。石には火を出すはたらきはあるが、打たなければ出ない、という意味です。

この明珠を「創造力」に置きかえれば、私の話も納得いただけるでしょう。子どもさんは、みな創造力の芽を心の中に秘めています。しかし、いまの親御さんは、その芽を摘んでしまっている面があるような気がしてなりません。大人たちも同様で、いろいろと迷うあまり、自分が持っている力や価値に気がつかないまま過ごしている場合が多いのです。

## 四、ものごとを思いつめて考えないこと

日本人は、すぐにものごとを思いつめる傾向が強いように思います。その顕著なのが自殺で、最近は管理職にある中年の男性の自殺が増えていると聞きます。また、母親が育児ノイローゼで子どもを道づれに心中を図る。受験に自信がない、あるいは失敗した、といって若者が自ら命を落とす。祖先からご両親から、せっかく戴いた命なのに、残念なことです。

そこで私は、何事にも正しい順応ができる、やわらかい心を持つ、柔軟心という道元禅師の教えを大切にしていただきたいと思います。

江戸末期、大坂のある大きな商店が倒産しそうになりました。風外本光禅師が近くの円通庵においでになるというので、その商店の主人が相談に行きました。主人は、いろいろ事情をお話しするのですが、風外禅師は障子の外ばかり見ておられる。そこで、その主人は、風外さまにとっては、つまらない話かもしれないが、私どもにとっては死ぬか生きるかの一大事だ。私の話を聞いてもくれないのか、となじりました。

すると風外禅師は、開け放された障子の隅で虻が外に逃げようとして、羽音を立てているのを指さして、「この虻は、窓も障子も全部開いているのに、ここしか出口がないと思い込んで、ばたばたと音を立てている。虻というものは、おもしろいものだな」とおっしゃった。それを聞いて、その主人は悟り、死んだつもりでやってみます、と言って帰りました。

よいお話というものは、さらに、よい話を生むものです。ある先生が某会社でお話をすることになりました。ところが、その会社に、たまたま失恋をしてこの世に希望を失い、明日にも自殺しようとしていた若い女性がおりました。この女性は上司から、先生の話を聞く集まりがあるので受付をやってくれと頼まれました。

受付に座っていると、風外禅師の虻の話が聞こえてきました。この話は亡き父、亡き母が自分に聞かせてくれたのだと悟り、自殺を思いとどまり、相手の男性のことは忘れ、明日から新しく出直そうと心に決めました。先生はお話を終えた後日この話を聞き、大変感激され、喜ばれたということです。

また私の知っているあるご婦人は、家庭のこと、子どものこと、体の弱いことなどに行きづまって、思い悩んだあげく川に飛び込んで死のうと思いつめ、ある川の土手へ行きました。橋の上を通る人をながめる。遊んでいる子どもをながめる。人間は、いよいよ死ぬとなると、いろいろなことを思い出すものです。小さな子どものときお母さんと一緒にうたった歌や、結婚してからのことなど、春の夕暮れ、川の流れを見つめながら思い浮かべていました。

そして思い浮かべることも目に映ることも、これで最後かと思うと、言いようのない思いに襲われました。私が死んだら、あの世にいるお父さんはなんと言うだろう、あの世にいるお母さんはどう迎えてくれるだろう。私が生まれたとき、両親は私の幸せを願ってくれたに違いない、という思いに至ったとき、土手に生えている雑草を思わず両手でつかんでいました。人間からあまり好かれない雑草、また生えてきたかと嫌われる雑草、しかし、この雑草も一生けんめいに生きているのだな、そうだ、この雑草にだってその繁栄を祈ってくれた親があったはずだ。そうか、それじゃあ私と同じではないかと思うと、とめどなく涙があふれてきました。そして、このご婦人は死ぬのを思いとどまりました。

人間にとって、悩みは尽きません。育児のこと、教育のこと、就職のこと、転勤のこと、恋愛のこと、結婚のこと、夫婦間のこと、嫁と姑のこと、病気のこと、老いのことなど、だれでも必ず思い悩まされるときがあります。そのとき、あまり一人で思いつめず、このお話を思い出していただきたいと思います。

## 五、喜心、大心、老心

九州の博多に仙厓禅師さまという方がおられました。その仙厓さまの所に訪ねてくるたびに、息子や嫁の愚痴を言うおじいさんに、ある日、仙厓さまは聞こえるように、

「ああいやだいやだ、年寄りはいやだ」

と言いました。そのおじいさんは憤慨して、

「年寄りはいやだと言うが、方丈さんの方が年寄りではないか」

と言ったところ、仙厓さまは、

「おまえは年寄りだが、わしは老人だ」

と言った、という話がございます。

仙厓さまの「年寄りの歌」というのがあります。

聞きたがる　死にとうながる　淋しがる
　心は曲がる欲深くなる
くどくなる　気短かになる　愚痴になる
出しゃばりたがる　世話やきたがる

家族の者がなにか話していると、関係がないのに聞きたがります。そのくせ自分に都合の悪いことは聞こうとしない。なにかといえば、死にたい死にたいと言うお年寄りがいますが、初めから本気で死ぬ気など毛頭ないのに、口ぐせのように言う。また、連れ合いをなくしたお年寄りなどは、息子夫婦と同居していて、よくしてもらっていても淋しがるのは無理もありません。心は曲がるは、ひがむことです。たとえば、おばあちゃんのために新しく隠居部屋を増築しても、私かそれほど邪魔かとひがんだりします。お年寄りが亡くなられてからわかることですが、意外と畳の下にお金をしまっていたりする。すなわち欲深くなるということです。これが「年寄り」だと、仙厓さまはおっしゃいました。

では老人とは、どういう人を言うのかと尋ねると、一に、なんでも物事を知っている人、二に、なんでも相談できる人とお答えになりました。どんなに立派な方でも、相談するような人が訪ねて来ない方がいます。やはり、みんなが相談に行けるような包容力のある心、教えを聞きに行けるような心をもった人が老人ということでしょう。老心とはすなわち、あらゆる人に対する、あるいは木や花など、あらゆるモノに対する思いやりの心なのです。

大心とは、文字通り大きな心のことです。ある砂漠の国で、オアシスに着いた旅人が水をもらおうとしました。するとオアシスの人は、ここは水のない所だから、水は買わなければならないと言いました。その旅人は、買うのなら、いらないと言って立ち去りました。

次に来た旅人は、同じように言われると、なんといい町だろうと言いました。なぜかと聞くと、ここでは水を売っても食べていけると言った、という話がございます。あとから来た旅人は大心をもっていたと言っていいでしょう。

ところが世の中には、前に来た旅人のような人が多いようです。大心とは、一歩も二歩もさがって、あるいは高い立場からものごとを見通せる心です。

大心をもっていれば、ユーモアの精神も生まれ、豊かな心にもなれます。

ある商店に勤めていた女中さんが、おめでたい日に、うっかり雑巾を床の間に置き忘れ、番

頭さんからひどく叱られました。それを聞いた店のご主人が、めでたいではないかと言いました。なぜかと番頭が尋ねると、

ぞうきんを　当て字で書けば　蔵と金　あちら福々　こちら福々

とご主人は言ったという話があります。このようなご主人の心を大心と言います。

同じようなお話で、紫式部の逸話もあります。紫式部はお便所に行ったことがないという噂が立った。本当に行かないわけはありません。奥ゆかしく人目につかないように行ったのでしょう。いつの世にも物好きはいるもので、いつ行くのかと見張っていた者がおり、紫式部が朝お便所に行くのを見ました。そしてお便所の戸に「朝くそ丸」と落書きしました。現代ならば大騒ぎとなるところでしょうが、これを読んだ紫式部は、この無礼な言葉を拝借して、

紫は濃くも薄くも染まるなり　浅く染まるとたれが言うらむ

という歌を作ったと言います。このような当意即妙のユーモアというものは、大心がなけれ

ば生まれるものではありません。

喜心というのも、文字通り喜ぶ心のことです。人間だれしも欠点というものがあります。しかし、その欠点というものは、一面では長所でもあるわけです。であるならば、その欠点のあることを喜びなさい、ということです。

たとえば、うちの女房は、なにをやってものろまだというご主人がおられますが、のろまだということは、なにごとにもがつがつせずおっとりしている、ということでもあります。このせわしい世の中にあっては、貴重なものだと言えるかもしれません。不満を言うのではなく、ありがたいと喜ぶ心を持つべきでしょう。

「不満はこそ泥」という言葉がございます。いろんな不満というものは、「こそ」があるから生まれるわけです。会社のサラリーマンであれば、おれが頑張っているからこそ、とか、家庭の主人であれば、おれが働いているからこそ、と考えるから、不満が出てくるのです。私はこれだけのことをしてあげたのだから、これくらいのことはしてもらわなければ、と考えるのが「有所得心」です。

世の中は　こその二の字の　置き所　治まるもこそ　乱るるもこそ

という歌があるくらいです。不満は相手に差しあげてしまう、即ち「無所得心」になることが、喜心ということでしょう。

この「喜心、大心、老心」は、道元禅師のお言葉です。

## 六、子どもも大人も「創造力」をなくしている

日本人は、モノ真似は上手でも、モノを創り出すこと、即ち創造力に欠ける、と言われています。なにせ、いまの日本の教育は○×式ですから、当然の結果かもしれません。

昔は、どこの小学校でも、夏休みの宿題になった絵や工作の作品を発表する発表会が開かれたものです。ところが最近は、発表会を開かない小学校が増えております。その大きな理由は、既製品の作品を持ってくる生徒が多くなったからです。しかも親御さんが手伝った作品が少ないのです。

私は、ある小学校の校長さんやＰＴＡの方に、次のような提案をしたことがあります。親御さんが手伝った作品と、下手でも子どもさんが自分で作った作品とに分けて発表会を開けば、

よいのではありませんか、と。

するとと校長先生は、夏休みの宿題を作るときが、日頃忙しい親子が一緒にふれ合える絶好の機会です。このふれ合いが、いまの教育に最も大切です、といった主旨のことをおっしゃいました。この校長先生のお話に、同席しておられた親御さん方は、ほっとした様子でした。

「校長先生のおっしゃることは、よくわかります。私もよく知っております。しかし、いま校長先生のおっしゃったことは、うそですよ」

と私が言いますと、みなさんの顔色が変わりましたが、さらに次のように申し上げました。

「親子のふれ合いが大切だということは、どなたもよく承知しているはずです。でしたら毎日ふれ合うようにすればよいのです。なんで夏休みだけ、それも夏休みが終わりに近い数日だけ夜遅くまで、急いでふれ合わなければならないのでしょうか、そんな理屈がありますか」

またある都市の学校でのことです。母親が小学校の先生をしておられる小学校一年生の女のお子さんが、夏休みの宿題に、朝顔だかひまわりだかの成長記録を大きな紙に何枚も書いて発表しました。参観に来た親御さん方は、その出事な出来ばえに感心しておりました。私は、それを見て、これは駄目だと思いました。このような立派なレポートが、小学校一年生で作れるはずがないからです。おそらく、先生のメンツにかけて、お母さんが付きっきりで指導したに違いありません。

これでは、お子さんに創造力など育つわけがありません。案の定、四年生から成績が下がり、六年生のときは普通よりさらに下に落ちていました。そして中学に入ってからは非行少女です。これなどは、このお母さんに責任があると言ってよいかもしれません。

いまのお母さんたちは、朝から晩まで、お子さんに対して口やかましく吠えたてておられる。私は、このようなお母さんを「スピッツお母さん」と呼んでおります。特に若いお母さんは、自分の育った頃を思い出してみても、やれ勉強だ、やれ塾だと尻を叩かれたことしか覚えていないものですから、自分の子どもに対しても同じようにするわけです。

ところが、お子さんが小学校二、三年生まではなんとか教えられても、高学年になってきますと教えられなくなってきますから、尻を叩いて塾に行かせます。その結果、家の中で親が教えなければならないことができなくなります。そこで、しつけは学校で教えなければならなくなるのでしょう。当然、そのことに授業時間がさかれ、さかれた分、塾で補うことになります。その塾に払うお金をお母さんがパートで働いて稼ぐことになるわけです。これではイタチゴッコです。

いま、新しい団地では、どういうものが一番売れているか、ご存知でしょうか。暖めたら、すぐに食べられるもの、電子レンジに入れるだけで食べられるものです。このような食品を買うのは、失礼ですが若いお母さんに多いようです。若いお母さんは、母親が料理するのを見たり手伝ったりしたことがあまりないものですから、料理を素材から考え、工夫して料理することができなくなっているようです。やはり創造力欠如の一つの表れではないでしょうか。古い団地ほど、お料理の素材が売れるようです。いろいろ工夫されるお母さん方が年をとるにつれて増えていく証拠でしょうか。

お子さんが小学校高学年あるいは中学ぐらいになっている、お母さんはどうでしょうか。結婚当初の感激は、とうに失せてしまっている。その頃のご主人は、会社では責任ある地位になられて仕事に夢中で、少しも自分をかまってくれず、子どもは先生や友だちの方が大切な年齢で母親の方をなかなか向いてくれない。ひとり孤独感にさいなまれる。怪しげな新興宗教に入られるのも、この時期が多いようです。こうなった家庭の日曜日のご主人は、あわれなものです。

昼の十二時頃になって、奥さんが、

「なにか食べますか」

と言うので、ご主人は、なにかおいしいものでも作って食べさせてくれるのか、と思うと、

「朝の残りものしかないわ。足りなかったら、パンかなんか買ってくるか」

こういう家庭が意外に多いのです。全員に思いやりというものが欠けています。生活の工夫がない、と言うよりは、考えてみようともしないわけです。これも、生活をより楽しく、より豊かにしようという創造性に欠けている、と言ってもよいのではないでしょうか。

## 七、日本人の「豊かな感情」はどこへ

人間は、自然にふれたとき、豊かな感情が心にあふれてきます。春、野原でフキノトウを見つけたときなど、うれしいものです。手に取ってみると、いい匂いがする。小さなお子さんに、

「これは、春のにおいですよ」

と匂いをかがせると、お子さんは、

「ほんとうだ」

と目を輝かせ、フキノトウが好きになります。

夏に、子どもさんを海に連れて行けば、子どもさんは、海というものを肌で感じる。これが、豊かな感情を育てる基本ではないでしょうか。

秋になれば赤とんぼ。

「お母さん、赤とんぼがつながって飛んでいるよ」

と、お子さんが言ったならば、仲良しだから、手をつないで飛んでいるのですよ。おまえも、お友だちと仲良くするのですよ。けんかなんかしてはいけませんよ、とお子さんにお話ししてあげること、それが教育です。

いまのお母さんは、どうでしょうか。とんぼをつかまえようものなら、動かないようにして、「見てごらん、お母さんが教えた通りでしょ。昆虫だから足は六本、羽根は四枚でしょ」などとおやりになる。これでは、お子さんに豊かな感情が育つはずがありません。

某テレビ局で待ち時間の間、ある女性評論家の方とお話したときのことです。

「お宅は、お子さん、いらっしゃいますか」

と私はうかがってみました。

「いいえ、おりません。こんな世の中では、生まれる子どもが不幸です。ですから私はつくりません」

と、その女性評論家はおっしゃいました。

子どもは、つくるものでしょうか、授かるのではないでしょうか。こんな世の中、とおっしゃいましたが、こんな世の中にしているのは、一体だれでしょう？　私たち大人たちであり、自分自身ではないでしょうか。こんな世の中だ、と思っているから、いつも、とがめる目で人を見るようになるのです。豊かな人間らしい感情というものがあるのかな、と疑いたくなります。

これと同じような話で、一流会社から下請け会社に回され、間もなく定年を迎えようとしている男の人が、私を訪ねてきました。その男の人が、

「和尚さんはいいですね」

と言うので、

「どうしてだ」

と聞きましたら、

「定年がないから……」

と言います。かつては、お坊さんはかわいそうだ、ボーナスはないし、退職金はないし、と言った同じ男が、です。他人の生活をうらやむばかりで、他人を思いやる人間らしい感情というものを失っているとしか思えません。

ここで、私たちの生活から切り離せない「木」というものについて考えてみましょう。柱になって家屋を支える木もあれば、床板になって、いつも人に踏まれる木もあります。また、お

位牌になって皆が手をあわせてくれるものになるのもあれば、仏像に彫られる木もあります。「石」とて同じです。道に敷かれて毎日踏まれる石もあれば、墓石になって拝まれる石もあるでしょう。しかし、どちらもそれぞれの役目を立派に果たしています。

心の目を開いて、ものを見れば、木であろうが石であろうが、すべて真理を語り尽した姿でしょう。川端康成さんがノーベル文学賞を受賞したときの講演の中で、

春は花、夏、ほととぎす　秋は月、冬、雪冴えて涼しかりけり

これが日本のこころ、というようなことを話されましたが、この歌も道元禅師さまのお歌です。日本人の豊かな感情を最もよく表現しているように思います。

# Ⅵ、試練を乗り越える力

## 一、皮を刮《けず》って骨を見る

「皮を刮って骨を見る」という言葉は、中国の宋の時代、虚堂というお坊さんが書かれた『虚堂録』という本の中に記されています。昔は修行僧を試すために用いた言葉です。意味するところは、厳しく試すことによって、その人の決心を見る、ということです。たとえば、十の仕事を与えても八つのことしかできない人もいれば、十の仕事全部やってのけてしまう人もいるでしょう。その人を真に試すには、できるだけ厳しい試練を与えるのが一番よいわけです。

中国の古いことわざにも、天はその人がなにごとか為さんとするときに、これでもかこれでもかとつらいことを与えて試す、といった意味の言葉がございますが、同じようなことです。前にお話しした雑賀さんのお話に出てくるご婦人も、障害のある子のいるご家庭に再婚に来たご婦人も、まさにこの試される人に当たるわけです。そして、この二人のご婦人は数々の厳しい試練を立派に乗り越え、仏の心をもって歩まれたのです。

## 二、悪言は是れ功徳なり

「悪言は、是れ功徳なり」という言葉は、曹洞宗で用います『証道歌』というお経の中にある言葉です。『証道歌』とは、中国の永嘉大師（七一三年没）が唱えた『震旦聖者大乗決疑経』の俗称です。このお経の中に、

悪言は是れ功徳なりと観ずれば、此れ即ち吾が善知識となる……

という言葉があります。意味するところは、他人から悪口を言われたならば、その人を恨むのではなく、自分がこれまでに犯した罪が一つ減ったと思って我慢すればおのれの徳になる、ということです。

## 三、悪口を言われるようになれば一人前

第一に大切なのは「謙遜なる自覚」。第二は「忠告を聞く」ということでしょう。昔は「忠告」と言ったものですが、いまは「批判」と言うらしいのです。それはもっと分かりやすく言えば「悪口」です。

もし、だれかが、あなたの悪口を陰で言っているとしたら、あまり気持ちがいいものではないでしょう。しかし、あなたご自身は、他の人の悪口を言ったことはありませんか。

女の方であれば、お仲間と喫茶店などで「A子さんは、似合いもしないのにブランドものをこれ見よがしに着て」とか、陰口を言ったことはありませんか。

男とて同じです。サラリーマンの方など退社後、赤ちょうちんで上司の悪口を言って、ストレスを解消したりしているのも同様ですが、おもしろいことに、帰りの電車を最初に降りた人が、今度は悪口を言われるはめになります。悪口を言ったあとは、なんとなく淋しいものです。しかし、これも愛社精神の発露かもしれません。

あなたは、なぜご自分が悪口を言われるのか、お考えになったことはありますか。あなたが、ほかの人から悪口を言われるようになったら、それは、あなたが一人前になったということで

す。

学生さんたちがお酒を飲んで騒いでも、世間が大目にみるというのは、学生は一人前ではないからです。ところが、一国を代表する内閣総理大臣ともなると、マスコミから、しょっちゅう悪口を言われることになるわけです。

昔から「悪口を言われたければ、人寄せをせよ」と言います。たとえば家を新築したならば、嫉妬から必ず陰口を言う人が出てまいります。

お友だちの結婚式に招待されたとき、年配のご婦人は、かっての自分を偲んで懐かしがり、未婚の女性であれば、まだ縁の結ばれぬわが身をふりかえり、ちょっぴり淋しく羨ましく思うとともに、多少の嫉妬心が出るのも無理からぬことです。そんなところから、「あのお婿さん、素敵じゃない？　背は高くてスマートだし……、だけど、ちょっとにやけていないかしら？」などという言葉が口に出るのでしょう。

出席された男性の方は、どうでしょうか。

「素晴らしいお嫁さんだけど、少し背が低いのが玉に傷かな」などと話し合ったりするのも、披露宴の花かざりなのかもしれません。

また、陰口というのは、身近な人ほど言うものです。もし、私が、あなたの悪口を聞きたかったならば、まず、あなたの兄弟や友人たちの所へうかがえば、大体のことは聞くことができます。見知らぬ人の陰口は言えるはずもありません。必ず、家族か、友だちか、近所の人か、あるいは同じ会社の人か、いずれもお互いによく知っている人が、あなたの陰口を言うのです。

お話が少しそれるかもしれませんが、作品を発表したある新人作家に、先輩である佐藤春夫さんが、その作品の評判を尋ねました。すると、その作家は、お陰さまで大変よろしいようです、と答えました。佐藤春夫さんは、

「それは駄目だ。作品というものは、必ず、褒める人が半分、批判する人が半分いて、はじめて真の価値をもつものだ」

と言ったそうです。

悪口についても、これと同じようなことが言えます。もし、あなたを褒める人ばかりだとすれば、少し考えなければなりません。褒める人が五人いれば、けなす人も五人いると考えるのが正しいのです。そして、それでいいのです。

「悪口」というのは、実に不思議なものです。もし、あなたが他人から悪口を言われたならば、かつて、あなたが他人に対して言った悪口の罪が一つ消えたと考えればよいのです。昔の言葉で言いますと、

「犬には吠えさせておけ、人には言わせておけ」

ということです。

「だからといって、おまえまで吠えることはない」

なんと味わい深い言葉ではありませんか。

悪口を言われるようならば、あなたは一人前なのです。悪口は、あなたに対する期待から出た貴重な忠告だと思って、素直に聞くことです。

「自主的」ということは、「謙遜なる自覚」とともに他人の忠告または批判をよく聞いて、その上で自分で考え、自分で行動し、そして自分で責任をとる、ということです。「謙遜なる自覚」と忠告をよく聞く心を忘れたならば、それは「得手勝手」以外のなにものでもありませんし、「自主的」とは言えません。

## 四、下士　中士　上士

下士《かし》は口につく　中士《ちゅうし》は勢いにつく　上士《じょうし》は恨みにつく

という言葉があります。「下士は口につく」ということは、口がうるおうところに人が集まるということです。たとえば、子どもさんがそうでしょう。お菓子をもらえるところには、子どもさんが集まります。しかし子どもさんだけではありません。大人も同じです。いまは買収というものは少なくなったようですが、昔は選挙のときは、飲み食いが付きものでした。そうしてくれた候補者に投票する。また、日本独特のもので、企業ではお得意さまを接待する。接待してくれた相手に仕事を出すのも同じことです。日本では、仕事を進める上での潤滑油として、堂々と収支報告に計上されています。実に不思議なおもしろい国です。

また会社内でも、社員同志、退社のあと、酒を飲む話はすぐ決まります。これらは、みな、下士は口につく、ということです。

「中士は勢いにつく」。これは、そのときの一番勢いのよい所に人が集まるということです。戦前は、軍部が一番強かったので、多くの企業が軍部になびいたものです。いまも、このことは変わりありません。たとえば、お中元やお歳暮は、意外と社長の所には少なくて、部長の所の方が多いといわれています。社長は、もう上にはのぼりません。いままで引き立てていただいた方は、お礼として社長の所にお中元を贈られますが、これから出世なさろうとする方は、部長の所にお中元をお持ちになる。その部長さんが有力な次期社長候補であれば、なおさらです。企業の世界ばかりでなく、政界の派閥争いも同じことでしょう。

昔、東京市長にもなった後藤新平は、壮大な夢をもった政治家でしたが、そのため「大風呂敷」と呼ばれました。その後藤新平が、失脚して勢いのなくなった人の応援をして、世の批判を浴びたことがあります。そのとき後藤新平は、古い歌を示しました。

盛りをば見る人多し　散る花の
　あとを訪うこそ　情なりけれ

私も、この歌が気に入って色紙に書いたりしております。定年退職になった方など、私どものお寺に遊びに来られまして、この色紙を見つけると、必ず欲しがられます。この方にも盛りのときがあったはずです。しかしご自分が盛りのときは、このようなことには気が付かないのです。

テレビタレントの方たちも同じです。たとえば、漫才師でも人気絶頂のときは、テレビ局の方は、先生と呼んだりしています。ところが、一旦人気が落ちると名前を呼び捨てにします。中士は勢いにつく、とはこのようなことです。

「上士は恨みにつく」。この言葉は、なかなか含蓄のある言葉です。

私どもの道場では若い修行僧に教える場合、力のある者は、十のことを教えても、みんな自分のものにしてしまいます。ところが力のないものは、なんで私ばかりいじめるのだと、恨みごとを言います。せっかく期待していたこの人もこれまでの人間だったのかと思うと、さみしくなります。

お姑さんに礼儀作法から家事に至るまで厳しく教えられたお嫁さんがおられました。教えられているときは、なんで私をこんなにいじめるのかと恨みに思っていました。しかし、厳しいお姑さんが亡くなられたあと、そのお嫁さんは、歩き方もいつの間にか姑さんとそっくり、お料理の作り方もそっくりだ、と回りの人に言われるというのです。不思議なものですね。

私たちは、必ず人を恨んだことがあります。それが両親であったり、職場であれば上司であったり、学校であれば先生であったりするでしょう。私どもの道場であれば老師に対してです。しかし不思議なことに、あとからよく考えてみますと、優しく、みんなから好かれていた方から教わったことはあまりなく、いつも厳しく叱ってばかりいて、少なからず恨みにさえ思った人から教えられたことの方が多いように思います。上士は恨みにつく、です。これは、長たる人、また指導者の立場に立つ人にとっては、大事な心得といえましょう。

## 五、いじめっ子、世にはびこる

いま、どこの小、中学校でもいじめが深刻な問題になっております。いじめられる子が自殺をしたとか、いじめられる子がいじめる子を刺したとか、そのたびに新聞でも報道され、親も学校も頭を悩ませています。しかし、ここは冷静に考えなければいけません。

小さな子どもさんの場合、男の子が女の子をいじめる場合は、相手の女の子が好きでいじめることもあります。しかし、男の子にしても女の子にしても、同性をいじめる場合は、多くの場合、家の中での不満を仲間にぶつけることが多いようです。たとえば、お父さんがいつも夜遅くまで帰ってこないとか、お母さんが働きに出て、夜七時過ぎでなければ帰ってこないとか、あるいは、お母さんが上のおにいちゃんばかり目をかけているとか、生まれたばかりの子の方に手がかかって、自分をかまってくれないとか、何か原因が家の中にあります。

しかし、問題はその処理の仕方でしょう。親の方がいじめの事実だけを問題視して、子どもさん抜きで先生と話し合いをしても、問題は解決しません。

ある小学校の高学年の場合ですが、家庭や両親への不満が原因で仲間同志がごたごたしたときは、先生の指導によりクラスの生徒同志で話し合い、解決した例があります。この場合は、外国の裁判ごっこをしたそうです。先生は進行役の裁判長で、良い悪いの判定は下しません。判定するのは、陪審員役として選ばれた男女生徒各二名ずつ、四名によって行われます。

クラス全員が、それぞれ言いたいことを自由に言い合うのです。十分言い合った所で、先生は四人の陪審員役の生徒に判断を聞く仕組みです。こうすることによって、お互いの不満が消え、生徒同志の誤解もとけ、先生には原因が家庭の中にあることもわかります。陪審員役の生徒の判定にはクラス全員が納得して、問題は解決するというわけで、なかなか効果的な方法だと思います。

## 六、他は是れ吾に非ず

『典座教訓《てんぞきょうくん》』は道元禅師の選述の一つで、『永平清規』に収められています。『永平清規』は六篇から成り立っており、その一篇が『典座教訓』です。

典座とは禅宗の役職の一つで、修行僧たちの食事調理を担当する役ですが、道元禅師は典座の役職を特に重要視されました。

中国に渡った道元禅師は、阿育王山のひとりの老典座から多くの教示を受けました。道元禅師が天童山に居住して修行中のある日、炎天下に老典座が椎茸を干しているのを見かけました。老典座は帽子もかぶらず、汗を流しながら椎茸を一生懸命干す作業をしています。あまり辛そうなので、道元禅師は、その老典座の年を尋ねました。

「六十八歳です」

と老典座は答えました。そこで道元禅師は、

「なぜ、部下の若い僧にやらせないのですか」

と言うと、老典座は、

「他は是れ吾にあらず」

と答えました。すなわち、ほかの者がいくら修行しても自分の修行にはならない、ということです。

「それは立派なことですが、炎天下でやらなくても、いま少し涼しくなってからおやりになればよいではありませんか」

と道元禅師が言いますと、老典座は、

「さらに、いずれの時をか待たん」

と言いました。すなわち、暑いからといって、いまやらなければ、いつやるのですか、とい

うことです。

　このことは、なにに対しても言えることです。人間は、とかく人に同情されると、すぐその気になって初心もくじけ、人まかせにしたり、ものごとが難しくなると、つい延ばし延ばしにして、いつやろうかと思いながら、やり遂げられず、悔やまれる人生を送る場合が多いようです。それならば、いまの自己に真心を尽くして生きる以外にはありません。

## 七、すりかえは、なんの解決にもならない

　お子さんを叱るとき、お母さん方は、

「お父さんに言いつけますよ」とおっしゃいませんか。このようにお母さんが責任逃れをすれば、お子さんもすぐ真似します。悪さをした子を叱ると、ほかの子のせいにするお子さんが多いのも、その表れです。

「おれじゃないよ、あいつだよ」とか、「あの子だってやっているもん」などと必ず言います。他人のせいにして、自分の責任を逃れようとするわけです。

　この理屈でいきますと、自分の運転が悪くて交通事故を起こしたとしても、相手が悪いと言

うでしょう。自分が勉強ができないのは、先生の教え方が悪い。しまいには頭の悪い子に生んだ親が悪い、だから親の面倒をみることはない、ということになるわけです。

いつだったか、子どもさんが池に落ちて亡くなったことがあり、池の回りに柵を設けなかった市当局が悪い、いや、子どもから目を放した親が悪いと大きな社会問題になったことがありました。

私がロンドンに行きましたとき、子どもが川に落ちて亡くなったことが報道されていました。しかし、日本のように市当局が悪い、などとは英国人は言いません。第一に、危ない所に行った子どもが悪い、第二に、危ない所に行くなと注意しなかった親が悪い、とはっきり言っておりました。私も、その通りだと思います。子どもが危ない所に行ったら、それが生命にかかわることならばひっぱたいても注意するのが親の、大人たちの務めであり、責任です。そうすれば、子どもたちは危ない所には行かなくなるでしょう。それでも行って川に落ちたのなら、その子どもが悪いのです。

私のお寺には、近所の方が親子連れで大勢遊びに参ります。子どもさんたちが走り回ると、お母さんたちは、

「ドタバタしちゃだめよ」

と注意します。そこまではよいのですが、そのあとがいけません。

「すみませんね。このお寺は広いものですから、つい走っちゃって」

これでは子どもは、親の言うことをきくはずがありません。

また、お母さんたちは、

「障子破いたら、和尚さんに叱られますよ」

とお子さんたちにおっしゃいます。しかし、実際に破いても本気で叱りません。

「ほら破いちゃった、さあ、和尚さんに叱られるから」

お母さんの方は、私が本気で叱ると思っていないようです。しかし、私は破いた子に、「手を出せ」と言って、その手を強くピシッと叩きます。するとお母さんは「親でさえ、あんなに強く叩いたことないのに」という表情で、私をうらめしそうに見ます。

小さいお子さんが駆けてはいけない場所で駆けて、転んだ拍子に机に頭をぶつけて、ワーッと泣き出したとします。すると大抵のお母さんは、「どこにぶつけたの、この机？　悪い机ね」などとおっしゃいます。そうではありません。まず、駆けてはいけないことを、ちゃんと教えなければいけません。

次に、ぶつけられた机も痛くて泣いている、と教えなければいけません。お子さんのためにも、これが正しいのです。

とにかく日本人は、なにかことが起きますと、なんでも自分以外のもののせいにする悪いくせがあります。このような。〝すりかえ〟は、なんの解決にもなりません。

禅の言葉に「担板漢《たんぱんかん》」というのがあります。これは江戸時代のお話で、ある大工が、肩に板を担いで家に帰ってきました。

「おっかあ、きょうは変な町を通ってきた。どこまで行っても、片側しかない町なんだ」

と言ったのです。

このように「担板漢」とは、一方しか見ない愚か者のことです。自分の都合のよいことしか考えない、自分の気に入らないことは他人のせいにする人も「担板漢」と言ってよいと思います。

## 八、迷中また迷う

道元禅師の書かれた『正法眼蔵』の「現成公案」という巻の中に、

迷を大悟するは諸仏なり。悟に大迷なるは衆生なり。さらに悟上に得悟する漢あり。迷中又迷の漢あり。

とあります。

迷いということの本質を見きわめれば、迷いもまた悟りの一つである。迷いとはこうであろう、悟りとはこうであろうと迷いに迷って、うろうろすることが多い。また、さらに悟りの上に悟りを重ねる人もいれば、迷いの中にまた迷う人もいる。しかし、高い立場から見れば、悟りも迷いも同じものである、という意味です。

たとえば、迷いというものを料理に使う材料に置きかえてみますと、材料をうまく用いて、おいしい料理をつくる人が素晴らしい料理人です。ところが料理に迷って、やたら材料を引っかきまわして失敗ばかりしている人が多い、ということでしょうか。そして失敗すると、やれなにが悪い、かにが悪いと、ほかのせいにしてしまう。すなわち「迷中また迷う」わけです。しかし、このことは、何事についても言えるのではないでしょうか。

# 付・実例収録——起承転結の実際

# 『女性らしさということ』

皆さんこんにちは！　あれ、声が小さいね、疲れていても大きな声でお返事してください。やり直しでございます。

「こんにちは！」（一同「こんにちは！」）

ようやく、人間らしいお声になりましたね。

ただいまご紹介を受けました、大通寺の阿部圭佑です。

先日、新潟の中学校に講演に行ってきました。そこで「人間と動物と、どこが違うか考えてごらん」といいました。すると答えがいろいろ出てきました。「立って歩く」「話ができる」など……。その中で「人間はパンツをはいている」と言った生徒がいたので、「じゃなぜ人間はパンツをはくの?」と訊きますと「恥ずかしいから」という最高の答えがかえってきました。江戸時代の武士は、笑われただけで、自分の名誉のために腹を切ったんです。それほど人に笑われることが恥ずかしかったのです。人に笑われるのがいやだったのです。これが日本人の誇るべき性質だったんですね。

ところが今の時代はどうでしょうか？　昔は外を歩きながら食べ物を食べるという行為は恥ずかしすぎて出来なかったものでした。でも今は、普通にみんなが食べながら歩いていますよ。横浜の元町にあるお店があって、そこには「食べ物を食べながら来る方お入りお断り」と書いてある。「何で食べ物を食べながら来る方はお断りなの？」と尋ねたら、「アイスクリームのベタつく手で、何十万の生地を平気で触られるのでお断りします」と言っていました。

今の時代は、電車の中でも女の方がお化粧をしていますね。先日も山手線の電車の中で、女の子が座席に座ってリュックサックの中に顔を突っ込んでいるものですから、気分でも悪いのかなと思って、「どうしたの？」と声をかけたんです。そうしたら気分が悪いのではなくて、リュックの中に入っている鏡を見てお化粧していたんですよ。大人たちもみんなやっていますね。東海道線で、それもグリーン車で「間もなく東京です」と放送が流れると、一斉にご婦人方がお化粧を始めるんです。おそらくそれなりに地位のある方々だと思いますが、隣に座っている私に対する恥ずかしさは、完全に忘れてしまっているようです。

私の友人で裁判官をやっているのがいて、ある時「この頃、詫び状って書かせないのか」と訊いたら、「阿部さん、今の人は詫び状を書けって言ったら十も二十も平気で書くよ。だから詫び状は書かせないで、慰謝料を出しなさいと言うんだよ。詫び状をいくつも書ける人が慰謝料五百万、一千万と言うと泣くよ。今の日本人はお金のために泣く人間になってしまった」というのです。本当に情けない時代になったと思います。

たとえばテレビを見てごらんなさい。レポーターたちが食べ物を前に、うまいの、まずいの、いろいろ言うけど、きちんと「いただきます」を言って手を合わせる人はあまりいません。

台東区のある中学校で食事の時、「いただきます」を言わないということで大問題になったことがあります。ではどうやって給食を始めるかというと、教頭が笛を「ピー」と鳴らして始まり、終わりの合図の「ピー」で給食が終わるんだそうです。「なぜ〈いただきます〉をしないの」と聞くと、「私たちは給食費を払っていますから。なぜ誰かにお礼を言わなければならないんですか」という答えなんです。そう話す親も親だけど、「そうじゃありませんよ」と言えない先生もまた情けないと思います。

ではなぜ「いただきます」を言わなければいけないのか、考えてみてください……。私たちは何を食べているのでしょうか？　腐ったものを食べてはいません。いつも生きているものだけを食べているのです。私たちはその生きている命をいただいているのですよ。だから食べもののの命を〈いただきます〉なんです。皆さんは決して給食費を払ったから〈いただきます〉は必要ない、なんて言わないで下さいね！

わたしは子どものとき、いわゆる虚弱児でした。一歳半の時父が亡くなって、それからいろいろと苦労しました。そんな中でつらかったのは——運動会です！ 日頃は級長をしていても、いつも運動会ではビリでしょう。三年生の時「今度もビリか、やだなー」と言ったら、先生に、

「ばかもん！ ビリがいなくてどこに一番がいる！」

と叱られました。うまいことを言いますね。それから私はすっかり安心しましてね。成績が悪くても、俺のおかげであいつは一番とったなと思うと、腹が立たないでしょ。

禅の教えで大切なことは、比べてはいけない、ということなのです。お釈迦さまは「天上天下唯我独尊」とおっしゃいましたが、それは「自分自身に誇りを持ちなさい」ということなのです。ほかの人には真似できない自分自身、光輝く自分自身に誇りを持ちなさい、ということをお釈迦さまはおっしゃっているのです。

さて、今日は「女性らしさ」というお話をすることになっていますので、いくつか申し上げることがあります。

最初は、「思いやり」ということですが、口で言っても実際に行動しなければ「思いやり」にならない——ということです。やったことがない人には、どうしたってできない、というのは

当たり前のことですね。

私はよくデパートの従業員教育の場に招かれてお話に行きます。従業員食堂、ああいうところは、実はおもしろいのですね。従業員食堂で食べますと、自分のお茶は自分でもってきて自分でかたづけます。その湯飲み茶碗にはべたーっと口紅が付くのですが、これがなかなか取れない。千人もいる女性の従業員の方たち、みんなきれいな方ですが、あの方たちの中で自分の口紅がベターっとついたのを洗って返す人はほとんどいませんでした。「思いやり」は口では言えるのですが、なかなか実行が伴わないということはたくさんあります。

食事のことについては、上田祖峯先生が『典座教訓』の解説書にも書いていています。ですから食事の話はもういいですね。そこで、今一番いけないと思っている「お風呂」のことなどお話ししてみましょう。お風呂の何がいけないか。箱根、湯河原あたりでは困っているそうですよ。旅館の大浴場で、後から入ってきた二十代の母親がいきなりそのまま、ザブン！　四十代のおばさんもそのままザブン！　三つくらいの女の子が「ママおしっこ」って言うと、「そこでしなさい」って。子どもはみんなそこでおしっこして、母親はそこに水も流さず、そのままザブン！　自宅でのお風呂も下半身を洗わずそのまま入るのでしょうか。

道元禅師様が一番最初に開いた寺は、興聖寺というお寺です。開創したときは京都の深草というところにありましたが、江戸時代に宇治に再興され今も修行道場となっています。今の季節はいいんですよ、もみじの寺ですから。あそこへ行ったら、湯殿へ行ってごらんなさい。板にきちんと書いて貼ってあります。「入る時は後から入る人のことを考えて前をよく洗ってお入りください」。あんなにはっきりと書いてあるのは、お寺であそこだけでしょう。そういうお風呂の入り方をあなた方にもやってほしいのです。

これからひょっとしたら失礼なことを言いますが、気を付けてくださいね。

自主的という言葉があります。学校でも家庭でも職場でもどう教えるか、それは自分で考え自分で行動し、自分で責任をとる、こう教えています。いいですね。でも、これは間違っているかもしれないということを考えてみて下さい。

戦後の焼野原、ある山手線の駅のそば、あの頃は駅の近所に食べ物がたくさんありました。そこで女の子を補導しました。今でいえば高校一年の子です。なんで捕まえたか、売春です。聞きましたら、お父さんは戦死しておいでにならない。お兄さんはグレて遊んじゃってる。本人は今でいう美容師さんですね、それになりたくて髪結いさんに、住み込みで働いていた。友達もいなくて、夕方になると淋しいし、駅の方に行くとおいしそうな匂いがして、そこである人からごちそうしてもらい、言うことを聞くようになりました。警察に呼ばれたお母さん、お父さんに申し訳ないと泣いてました。お兄ちゃんはよっぽどショックだったんですね、「不潔だ、死んじゃえ」と言いました。その時その娘さんの答えは見事でした。

「お兄ちゃん、自分遊んでて、タバコ代どれだけ私にたかったの？　あれは不潔なおじさんからもらった不潔なお金よ。お母さん、私住み込みで働いているの。お金に余裕があったと思う？　お兄ちゃん遊ばせといて、今月苦しいからってどれだけ私にたかったの？　あんたたちエラそうなこと言うけど、捕まらなかったら昨日と同じように今日も私にたかったんでしょう。自分で考えて、死ぬ覚悟で努力して実行したのよ。いま傷んでるのはあんたたちじゃない、私の心と体が傷んでるの。自分で責任をとってるの！　どこが悪いのよ！」

もしあなたの娘や妹にこう言われた時、「そうじゃないわよ」って答えられますか。そういう自信がありますか。

私は会社や工場に行くと、お話を一旦ここでやめます。そしてみんなに話し合ってもらいます。でも今日は、お時間の関係で答えを先に言いましょう——この女性は、やっぱりわがまま勝手な子です。わがまま勝手な子に間違いはないのです。そうだとすると、わがままではない、本当の自主性というものは、何なのでしょうか。

コップを二つ用意します。片方はお茶で、片方は水です。このお茶の方にですね、やかん一杯の水を入れても、片方の水のコップのようにきれいにはなりません。比べてみると、やはり濁っています。延々濁ったままのこの人たちは、「でも」と「だって」を頻繁に使います。「でも」と「だって」を使います。「好きで大学に行ったんだろう? もっと勉強しなさいよ」「うるさいわね、わかってるわよ。でもさ、だってさ」って言うでしょう。

もっと使っちゃいけない言葉は「どうせ」という言葉です。「どうせこんな学校」、「どうせこんな家」、「どうせこんな私……」これは使ってはいけない言葉ですね。

では、こんな言葉に取り憑かれて、濁りから脱出できない人はどうしたらいいのか。

ラテン語で「フムス」という言葉があります。フムスというのは、大地に土下座をしておでこを地面に付けなさいという意味です。それが英語になって、ヒューマン「人間」という言葉ができたというわけです。

人間とは何か。「大地に正座をし、頭を地面に付けて、天地自然の恵みに感謝する生き物」。それが人間です。そのことをよくよく考えてほしい。それをしない今の日本は、無責任の群れです。

たとえば、いまペットとして犬や猫を飼っている人がたくさんいますが、一方で、もういらないと保健所や動物保護管理センターにゴミのように持ち込まれる犬の数、全国で年間四七万七一四六頭、これは昭和六十一年の数です。二十何年も前の統計でこうですから、今はもっと増えているでしょう。かわいいから飼ってみるけど、もういらない。どれほど人間というものがわがまま勝手なのか。無責任が、この数字になっているのです。それでも飼っている人には逆におもしろい人がいますね、人間が死んでもお参りに来ないんですが、犬の墓にはちゃんとお参り行ったりして……。

天地自然の恵みに感謝し、無責任を脱したら、次は、自分への悪口を聞きなさい。悪口とは自分に対する周囲からの批判です。あなたは自分への悪口を聞くのはいやでしょう? 「あんたの服、似合いもしないのにこんなに持ってて」とか言われたら、面白くないでしょう? でもどうして、人は悪口を言うのでしょうか。

答えは簡単です。悪口というのは、一人前だからこそ言われるものなんです。あなたは赤ちゃんの時、おむつにおしっこをしたからって、お母さんにお尻を叩かれた覚えはありますか。お母さんは「あ、これはきれいね、透き通ってるわ、この子の腎臓はきちんと動いているな」、そうやって喜んだんですよ。あなたの便を見て、ちゃんと腸が動いているな、って喜んだんです。それが親なんです。一人前じゃないから、叱られません。

今のあなたは一人前だから悪口を言われます。オバマやプーチンがあなたの悪口を言いますか？　言うわけありませんよね。でももしプーチンとオバマがあなたの悪口を言ったとしたら、あなたはよっぽど偉いんですよ。だからね、あなたの周囲が悪口を言うのですよ。友達兄弟親戚じゃなく、大事な身近な人なのですよ。

もし私が織田信長だったら、ここで私の悪口を言えますか？　言いませんよね。言ったら殺されちゃうもんね。そうすると、何で言うのか。言っても大丈夫だなと思っている場合だけ、悪口というものは言うものなんです。

でもね、言われることではなく、言うことの方はどれだけ卑怯なことかというのは覚えておきなさい。インターネットで、みんなそろって誰かの悪口を言ったとする。あの人が悪いからだって言っていても、その人が悪いかどうか本当に知っているのか？　インターネットで悪口で騒いでいる人たちの方がもっと悪いんですよ。相手が悪ければ人は何を騒いだっていいの？　いいわけないでしょう。

それでは、みんなが悪口を言っているとき、どうしたらいいか。黙っていればいいんです。郵便と同じですよ。悪口は受けとらなかったら、自然に言った人へ返っていくから、黙っていればいい。ところがね、「あたしの気持ち聞いてよ」なんて、つい返事しちゃうんですよ。そうすると、翌朝には悪口の報いは倍になって帰ってきます。だから黙っているのがいい。

それは、孤独に耐える努力です。孤独に耐える努力というのは、今の日本の教育では行われていない。一人ぼっちで我慢しなさい。先生やみんなが、よってたかってあなたの悪口を言っても、胸を張って堂々と生きなさい。他人の悪口には付和雷同せず、共感を求められても黙って見ていなさい。それが孤独に耐える力です。その訓練が今ないのです。残念ですね。

例を申し上げます。昔のあなたは江戸幕府に仕えていたのに、なんで明治時代になって明治政府に仕えたのですか、と政府の重鎮たちに公開質問状を出した人がいます。福沢諭吉です。誰に出したかというと、山岡鉄舟、榎本武揚、勝海舟宛に出しました。

榎本武揚は、きちんと真面目な返事を書いてきたそうです。勝海舟は「人の口に戸は立てられません。感想は御自由にどうぞ」と答えました。山岡鉄舟は弁解せず、歌で返しました。「晴れてよし、曇りてもよし富士の山　元の姿は変わらざりけり」富士山は天気がいいとみんな誉めますよ。雨の日に登った人は、ひどい目にあった、二度とこんなところに登るもんかと怒ります。でも富士山のせいじゃないでしょ？　みんな悪口言うけど、富士山のせいじゃない。

そうはいっても、孤独はつらいですね。そんなつらい時にこそ、心の友達というのができるのです。友達というのは、あなたが百人いると主張しても、本当の友達っていうのは一人ですよ。いないものです。本当の親友ってものは、あなたが嬉しくてしょうがないとき一緒に抱きあって泣いて喜んでくれる人。これはいませんよ。結婚式をやってごらんなさい、招待した百人のうち、何人かは必ず陰で悪口を言いますよ。そのときにあなたは我慢ができますか？　いや、どんな我慢でも、三年もすれば慣れてくるものです。

さて、ここに孤独に耐えた方の投書がありますので、ご紹介します。

修業の兄を追い返して

十五歳の足の不自由な兄が洋服仕立て職を身に付けるため、一人でよその家に住み込みこんだのが昭和十八年。あの厳しい食料難時代のことでした。奥様から飯炊き、掃除を仕込まれ、旦那さまから仕立てを習い、兄の苦労は並大抵のものではありませんでした。四キロもの道を、冬のさなか、汗びっしょりで逃げ帰ってきたことが何度もあります。そのたび母は兄を追い返しました。なんで母さんあんなことするんだろう、兄さんは辛いから帰って来たのに、なんで抱き合って励ましてあげないんだろう、私はそう思いました。でも私は見ました。裏の柿の木の下で一人泣いている母の姿を。

お母さんが歯を食いしばって泣いていた。兄に渡す焼き餅をついた石臼の上に、ぼたぼたと落とした大粒の涙を見た。この妹さんが言わなかったら、お兄さんいまだにお母さんを恨んでいますよ。みんなは学校に行ってるんですから。みんな遊んでいるんですから。なんで僕だけ働かなきゃいけない、くやしいですよ、つらいですよ。みんなと違うのですから。だけどわが子のためにじっと歯を食いしばるお母さん。

レオナルド・ダ・ビンチという人は楽しい言葉を残しています。「知るということは愛を生ずることだ」。いい言葉ですね。たとえば私は、ここに来るのは初めてです。でも、こんど近くの駅を通ったら、ああ、以前あそこにお話をしに行ったんだなって必ず思いますよ。知るからこそ、愛情が生まれるんです。

ちょっとみなさん、見ていなさい。私だって照れくさい、恥ずかしいけど見ていて下さい。

〈ひとりずつ肩をポンと叩くしぐさをして〉

こんにちは、こんにちは。

今、一番目の人はビクッてしたね。二番目はおちついている。三番目は待っている。四番目はあそこまで来て、なんだ私のところには来ないじゃないってこう、ひがむんだ。

面白いですね。これが、楽しい和なんです。あなたがしたことが、ワーッと広がっていくんです。最初はびっくりしても、最後には待っている人がいる。宗教とか曹洞宗とか禅とか、意味づけは関係ない、人間の和なんです。そういうつき合いをやってほしいと願っています。ところで、形式という言葉がありますね。よくそんなことは形式だ、といって普通は軽んじるけれど、いいえ、そんなことありません。大切な意味があるのです。以前私のところに、近所の大学生たち四人がよく連れだって来ていました。

その子たちはなかなか生意気でしたよ。

「和尚、葬式なんてよせばいい。お位牌なんか木じゃねえか！　お骨なんてカルシウムだ。供物なんてこんなの形式だろ？　葬式なんて形式はもうよせばいいじゃねえか！」

そこで私はこう言ったんです。

「私は修行による信念があるからやめないよ。ただお前がお葬式が嫌いなら、お前が死んだときには葬儀をやってあげないから安心しなさい」

そうしたら、

「おい、お前ら聞いたか、和尚、俺たちより長生きする気だぜ」

と、ぬかしました。みんなの間から笑い声が起きました。

その後しばらくして、この学生たちの仲間の一人が、不幸にも交通事故で亡くなりました。車のシートベルトをしなくてもよかった昔の話ですが、フェリーで北海道へ行った折に、おそらく徹夜で騒いだのでしょう、居眠り事故を起こして、助手席の子が外に飛び出し、即死でした。

ご両親の気持ちを考えると、そのお通夜のつらいこと。残った子たちも愚かだと思いますしね。

でも一緒に、涙ながらにお経をあげましたよ。そして彼らに「いつも歌ってた歌、お前らの歌を歌え」と言いました。

遺族がぜひとお願いしたものだから《青春時代》という歌を歌いました。あの歌はいいですよ。でも途中まで歌って、歌えなくなってしまいました。畳に突っ伏して彼らは大泣きしていました。家族も私も泣きました。

それでも私は、あえて「お前たち、なんで泣くんだ」と言ったのです。

彼らは怪訝な顔で私を見て、

「和尚さん、あの写真が僕たちを見て微笑んでいる。だから泣くんだ」

「そうか？　あれはただの印画紙だぞ、ただの紙じゃないか。何で泣くんだ。食べもしないお供物もあげただろう。涙なんて塩がちょっと入ったただの水だぞ。無駄なことよせ」

学生たちは怒りました、私を殴る気でしたよ。だから私は言いました。

「形式だからよせと言ったのは、お前たちだよ」

そしたらしばらくして、畳に手をついて、

「すみませんでした。真心のこもっているところに形式はない、ということがよくわかりました」

と言ってくれました。

真心のこもっているところに、形式はない。いい言葉です。

「おはよう」という挨拶も形式ですが、いい言葉ですね、やはり朝は「おはよう」なんです。

總持寺の瑩山禅師は、心の眼を開きなさい、朝から晩まであなたのしていることは、み仏と同じです、と言っておられます。だから朝起きたら「おはよう」って言うのです。

東洋大学で募集して出している百人一首に、高校生の和歌が載っています。

おはようと　誰かが言った一言で　クラスが明るい　月曜の朝

「おはよう」の挨拶って、いいことですね。これはちっとも形式などではないのです。

もう一つ、今の教育に欠けていると感じることがあります。それは挫折感を乗り越えるという教育です。絵を描かせれば小学校で一番だった、でも中学行ったらもっとうまい人がいた。野球をやったらトップだった、うまくなると甲子園へ行けるかと思ったら高校行ったら補欠にもなれなかった。つらかったし、苦しかった……。

ここにいる四十歳過ぎの方は、おそらくみんなそういういろんな挫折を乗り越えてきた方々ですよ。口に出さないだけです。だからたとえばこの中で、テニスが好きな人だったら、テニスで苦しんで、やめようかと思ったことがあるはずです。それを乗り越えた方だけが得意になっていくのです。挫折は、誰にとっても必ず乗り越えなければいけない出来事なんです。挫折はたしかに苦しいですよ、ときに死んじゃおうかと思うほどです。でも人生は、挫折を乗り越えなければいけないんです。そうでない人生はない。

ここに、ある挫折を乗り越えた人の投書がありますので、読んでみます。私が子どもの頃は、家が苦しい人は、新聞配達をしました。もっと苦しい人は牛乳配達をしました。もっと苦しい方は納豆売りをしました。その方の投書です。

その日は特に売れなかった。肩掛けにまだ三十本近くの納豆が売れ残っている。そんなときは暗くなるのも早く、路地から路地を「納豆、納豆」と声を張り上げても買ってくれる人はいない。ふと気が付くといつもより遠い街にきていた。せめてあと十本は売らないと仕入の半分にも満たない。裏口から入る家を見つけては庭先を回り、納豆いりませんかと声をかける。いらないよ、と怒鳴る家、いきなり犬に吠えつかれる家、つくづくいやになって、あと一、二軒で帰ろう、そう思いながら入った家、そこは担任の先生の家だった。庭から丸見えの座敷、あの頃東京の下町はみんなまる見えです。丸い卓袱台《ちゃぶだい》を囲んでお父さん中心に食事、みんな見えるんです。その丸見えの座敷で先生は「お前、納豆売っているのか?」と、驚き顔で縁側に立った。日頃厳しい先生だ。身のすくむ思いで私はうなずいた。先生は深くため息をつくと、「何本残ってる?」と言った。叱られると思っていた私は返事より先になぜか大粒の涙が頬を濡らした。「おおい、全部買ってやってくれ」と奥さんに声をかける先生、「わかってますよ」と答える奥さん。私は無性に涙が溢れ、ついにはしゃくりあげて泣き出してしまった。「泣く奴があるか。そんなんで納豆売りができるか!今度からな、売れ残ったらな、先生のところに来るんだぞ、先生は納豆が大好きなんだ」その先生の目に一筋の何か光るものが見えた。今は亡き先生の忘れがたい思い出は、昭和九年の秋、当時私は小学校の二年生だった。

小学校二年生ですよ、今の二年生に、できますか？　友達はみんな遊んでいるんですよ、よその家ではみんな、にぎやかに食事しているんですよ。僕だってああいう家に生まれたい、あんな家で育ちたい、どれほどこの子は思ったか、それが今になってこの方の生活の基本になっている。挫折を乗り越えた方です。

さてもう時間となりましたが、最後にお願いがあります。すみませんが両側の方と手を伸ばして握手してもらえますか？　先生方もお願いしますよ。そして両側の方と手をつないだまま、目をつぶってください。目をつぶって、おうちで待っているご家族、または、お父さんお母さんのことを思い出してください。そしてお隣の方の手を握りながら私のお話を聞いてください。

〈お互い手をつないだまま、しばらく沈黙〉

あなたが生まれたとき、あなたのお母さんはあなたを抱きしめて、あなたの幸せを願いました。あなたのお父さんはあなたを抱きしめて、明日から俺はもっとがんばるぞと心に誓いました。そのお父さんやお母さんが生まれたとき、お父さんやお母さんを抱きしめて幸せを願ってくださったおじいさん、おばあさんがあなたにおいでになります。お隣の方にもおいでになります。お隣の方を抱きしめて、幸せを願ってくださったご両親、おじいさんおばあさん、遠いご先祖さまの祈りと願いが、お隣の方の手を通して今あなたに暖かく、あなたの手を通してあなたに伝わってきているはずです。あなたの大好きなお母さん、ときには恨んだことのあるお父さん、そしてあなたの遠い祖先の願いと祈りも、あなたの知らない間にあなたの手を通してお隣のかたに暖かく伝わっているはずです。「ありがたいな」そういう言葉で表します。そのお気持ちを一人でも周りの方に広めていただけますか。そうすればどれほど和やかな世界がそこに現れることでしょう。それを見たお釈迦さまが、金波羅華《こんぱらげ》の花を念じながら、にっこりお笑いになっている姿がそこに浮かんできます。これからいやなことがあるでしょう、孤独のときもあるでしょう、挫折の時もあるでしょう、それを乗り越えて、天上天下唯我独尊、誰も真似できない光輝くあなた自身を、胸を張って歩んでいってください。そのうしろ姿、これは本当かな、これが本当かな、と迷いながら歩んでいくうしろ姿を「ことぶき」といいます。そういう素晴らしい人生をぜひ送ってください。

心からお願いします。

〈しばらく沈黙〉

それでは目を開けてお隣の方との手を放してください。合掌してから終わりにしましょう。今日はお疲れのところ、熱心に私の話を聞いてくれて、どうもありがとうございました。

（駒沢女子大学仏教文化センター主催講演会　平成二十四年十一月一日）

## 『通夜説法』

皆さんこんばんは。正面をご覧下さい。あの懐かしい笑顔のお母さんのお写真が正面に飾られて、心のこもった方々のお花がたくさんならんでお母さんのまわりを囲んでおります。にこやかにほほえんでおられますね。

お葬儀というのはお釈迦様のお弟子になる儀式でございます。ですからお釈迦様が亡くなられたときと同じようにするのです。お釈迦様が八十歳になられて、今は無き自分のふるさとに向かって旅をしながら説法の旅を続けられました。クシナガラというところに来られまして体の具合が悪くなられて、小さな沙羅双樹という木陰の下でお休みになりました。そのときに北枕でお休みになりました。北枕を縁起が悪いとおっしゃいますが、日本は昔から頭寒足熱腹八分、足を温め頭を冷やしなさい。それが長生きのもととお釈迦様はそうされたのです。

亡くなる前に水が飲みたいとおっしゃったのでお弟子の方が川へ水を汲みにいったところ、上流の方をたくさんの商人たちが渡ったのでしょう、川が汚れておりました。

きれいになるのを待って水をお届けしたところが、すでにおかくれになった後なので、さぞ飲みたかったであろうということで含ませて差し上げたのが末期の水です。私も今お母さんにさせていただきましたし、おうちの方々もなさいましたね。

お釈迦様がお亡くなりになったときに、一本の沙羅双樹は時ならぬ花を開き、一本の木は枯れてしまったとされています。見て下さい、あの霊檀の上に紙の花が飾ってありますね。「お母さん、ここがお釈迦様がお亡くなりになった場所なのよ」、そういう意味です。私たちは天照らす海洋民族ですから、五千年くらい前に裸で暮らしていた我々の祖先は人が亡くなると魂だけは海の方へ行き、二十日ほど経つと帰ってくると堅く信じていました。そのときに遺体が犬やオオカミに傷つけられると帰ってきた魂がもとのところへ帰れなくなり、残った家族に災いがあると堅く信じておりましたから、その頃の家族は武器をもって遺体を護ったのですね。天皇家ではそれを殯の宮といっていますが、ご覧になって下さい、弓という字を書いて矢をつがえると「弔」という字になりますね。そのために今お母さんの上に刃物がおかれているのです。魔除けという意味と同時に、ここで安らかにお休み下さいという意味です。

人によっては神さまの方が縁起がよくて、仏さまの方はそうではないとおっしゃる方もおられますが、同じです。御神輿を見てご覧なさい。周りは全部柵で囲ってありますね。ここから出ないで下さい、私どもは何があったって玉串を奉呈しますという柵です。ここを出ないで下さい、その気持ち。私どもがあそこに刃物を置くのは、そこでお母さんに休んで欲しいという、そのような意味で置くのです。

今はほとんどしませんが、昔は出棺のときに、竹で作った門を作りました。そのなかを出棺しますと、必ず霊は家へ戻って家の繁栄を祈ってくれて、家族を守ってくれるとみな堅く信じておりました。この本当の意味が長らく私にはわかりませんでしたが、シルクロードに伝わっている風習でわかりました。シルクロードで渭水という川を渡ると、もう道がありません。動物の骨があればそれが道というようなことでございますから、旅をする人にはともかく無事に帰ってきて欲しい、ということでお隣の国では楊柳という柳で輪を作って渡しました。還ですね。昔は道路のことも往還といいました。是非帰ってきて欲しい。

このお気持ちが古今東西おもしろいもので、ギリシアでは月桂樹でやっておりますし、お隣の国では楊柳でやり、私たちの国では竹でやっています。そのようなことがひとつずつありますけれども、一番前を見て下さい。関西ではほとんど菊は使いません。一番前にあるのは香の花と、俗に樒《しきみ》といいますが、これはお母様が御仏のお弟子となって一生懸命修行しながらお家や家族を守るという願を起こされたので供えるのです。あなた方の家の神棚か台所の荒神さんを思い起こして下さい。色物をあげてないでしょう。あの方々はみんなあなた方の家を守るという願をなされていますから色物を遠慮なさるのです。それで松とか榊とか色物をおあげしないのです。ですからお母様の葬儀の中で一番大事な花は、ここにおまつりしています樒、または香の花だと思って下さい。

一つ一つにわけがあります。お釈迦様がお生まれになったときは大変に難産でして、お母さんはお隠れになりました。この中にそういうことに興味のある方はもし国立博物館に行かれますと、お母様の脇腹からお釈迦様が生まれた像がありますから、これも一応ご紹介いたしておきます。そのためにお母様の妹の大愛道比丘尼がお釈迦様をお母様の代わりにお育てになりました。お釈迦様がお悟りを開かれてからはお弟子になりました。その大愛道比丘尼が亡くなられたときに、お釈迦様は本当に悲しまれまして、インドの風習に従って、長者に対する礼として遺骸の回りを三度回って大愛道比丘尼を讃えたのです。皆さんもお寺へ来て埋葬のとき本堂の前で三回回ります。あれは本堂のお釈迦様の回りを回って亡き母が成仏するように法を授けて欲しいという意味で回るのですから、それを頭の中に入れて下さい。

お釈迦様は大愛道比丘尼の回りを回りながら讃えました。「大愛道比丘尼よ、母として慈悲深いお方であった。大愛道比丘尼よ、あなたは私のお弟子としてもまじめなお方であった。大愛道比丘尼よ、あなたは女性としても素敵な方であった」。そう讃えられたのです。そのなごりが明日のお別れです。係の方から花をもらわれましたならば、口に出さなくとも結構ですから、亡きお母さんをあなた方の母として、お父さんの妻として、そして女性として素敵であったと、そのように讃えていただければ、すばらしいご供養になると思います。

先ほど申しましたように、お花の一つ一つにもわけがありますけれども、全部を覚えるわけにはまいりません。その中の一つだけでも心に止めていただいて今日のお通夜、明日のお葬式に参列していただければ大変すばらしいご供養になると思います。以上、某女様のお通夜の法話までです。どうぞひとつよろしくお願いいたします。

# 解説

本書のタイトルとして掲げた「話道」という語は著者阿部老師の思いが込められた語である。いうまでもなく日本には茶道・華道・柔道・剣道・香道といった様々な芸道がそれぞれの伝統を保持しつつ今日に日本の伝統文化として磨き上げられて伝わっている。これらの芸道の名に「道」を用いるのは、諸芸道が大切に守り伝えてきたものが、単なる技術やテクニックを伝えるだけにとどまらず、人間の本来的なあり方や生き方に関わるものであったからであろう。

たとえば武道（剣道・弓道等）の世界において「剣術」や「弓術」とはあまりいわないのは、ただ相手に打ち勝ち、殺すための技術ではないからである。もし弓道のように一呼吸ごとに身体と調和させてゆったり歩いて的に向き合い、いわゆる「射法八節」という伝統的で静寂な射をするならば、その間に獲物は逃げてしまうし、合戦ではそんなスローモーな射では逆に射殺されてしまう。

剣の道もしかり。これらの「道」と名のつく芸道はあくまで自己に向き合い、おのれを高め、心を豊かにし、人としての器を大きくしていくことがより大切な目標として位置づけられていたのである。道とはそういう意味が込められている。

さて、本書において阿部老師が意図される「話道」もまさしく同じであろう。布教における法話・説法について「話術」とか「話芸」のレベルで捉えるのではなく、現代人に対する布教の最前線の重要な武器としての法話の正面からとらえ、生涯この道に賭けてこられた阿部老師の姿勢がこの「話道」

そのものであり、その成果として本書がある。

曹洞宗のある布教師の老師が阿部老師の法話を評してこう述べている。

「阿部老師のお話は相手の阿頼耶識に向かってお話ししていますね」

阿頼耶識はいわば根源的無意識の世界といえるが、阿部老師のお話は心の奥底まで響き、人間の本質に向き合ってお話しするという意味であろう。確かに阿部老師の法話は宗乗と坐禅弁道という基盤に依拠しつつも、できるだけ仏教用語や禅語を用いず、日常茶飯の事柄から人としての根幹的課題を説き示している。こうした点で本書は曹洞宗に限らず、宗派を越えて、読まれることを期待したい。本書が提起するのは、いかにして布教師が苦悩する人々に寄り添い、自身の中の仏心に気づかせるのか、それをどう説き示すのか、という点であり、これはどの宗派においても重要な課題であるからである。

残念なことに本書は阿部老師の話道の一端に過ぎない。できるならば阿部老師の感動的な法話のライブを収録して映像資料として紹介したいところである。その明瞭で聞きやすい発声の仕方、躍動する一挙手一投足、聴く者が思わず吸い寄せられるようなストーリーを本書から少しでも垣間見られることができれば幸いである。

平成二十七年正月吉日

駒沢女子大学大学院人文科学研究科長・教授

安藤　嘉則

話道《わどう》——仏教《ぶっきょう》法話《ほうわ》の実践《じっせん》

2015年6月15日　初版第一刷発行

著　者　阿《あ》　部《べ》　圭《けい》　佑《ゆう》

発行者　佐　藤　今　朝　夫

〒174-0056 東京都板橋区志村1-13-15

発行所　株式会社　国　書　刊　行　会

TEL.03(5970)7421(代表)　FAX.03(5970)7427

http://www.kokusho.co.jp

落丁本・乱丁本はお取替いたします。　印刷・㈱エーヴィスシステムズ　製本・㈱ブックアート

ISBN978-4-336-05931-4